私人财富
与股权纠纷

（修订版）

薛京◎著

专业创造价值
与读者朋友共勉！

薛京

电子工业出版社
Publishing House of Electronics Industry
北京·BEIJING

内 容 简 介

《私人财富与股权纠纷》(修订版)是一本帮助企业家分析、防范股权风险的书。本书通过梳理与企业家股权有关的各种高频财富风险,借助详实的司法判例加以分析、解读,破除企业家的法律认知盲区,并给出规划方案与风险防范措施。

全书共六章,分别从离婚、继承、代持、融资、股权激励、涉外及涉港澳台家事关系六个角度,分析企业家面临的股权纠纷高频法律问题。本次修订,已将全文法条根据《中华人民共和国民法典》做了相应调整。

未经许可,不得以任何方式复制或抄袭本书之部分或全部内容。
版权所有,侵权必究。

图书在版编目(CIP)数据

私人财富与股权纠纷 / 薛京著. —修订本. —北京:电子工业出版社,2021.4
ISBN 978-7-121-40612-6

Ⅰ.①私… Ⅱ.①薛… Ⅲ.①股权－经济纠纷－案例－中国
Ⅳ.①D922.291.915

中国版本图书馆CIP数据核字(2021)第033607号

责任编辑:张 毅 zhangyi@phei.com.cn
印　　刷:天津光之彩印刷有限公司
装　　订:天津光之彩印刷有限公司
出版发行:电子工业出版社
　　　　　北京市海淀区万寿路173信箱　邮编:100036
开　　本:710×1000　1/16　印张:16.5　字数:188千字
版　　次:2019年2月第1版
　　　　　2021年4月第2版
印　　次:2023年1月第2次印刷
定　　价:88.00元

凡所购买电子工业出版社图书有缺损问题,请向购买书店调换。若书店售缺,请与本社发行部联系,联系及邮购电话:(010)88254888,88258888。
质量投诉请发邮件至zlts@phei.com.cn,盗版侵权举报请发邮件至dbqq@phei.com.cn。
本书咨询联系方式:(010)57565890,meidipub@phei.com.cn。

修订版序

在不确定的时代，做确定的事

2019年2月，我的个人专著《私人财富与股权纠纷》首次出版，当初我写这本书的初衷，是希望能够总结执业以来，尤其是专注于财富管理领域以来所观察到的企业家最高频的股权风险，并给予专业建议与风险预防方案。这些股权纠纷高频风险包括离婚、继承、代持等六个方面，我用六章32节的篇幅，分享了32个典型风险案例、68个法院实务判例。在写作过程中，我研究了数百篇判决书，找寻股权纠纷产生的源头，希望以终为始，从现实大数据中找到避免发生争议的法律智慧。

令人欣慰的是，这本书上架之后取得了不俗的成绩，短时间内就加印数次。这说明，人们越来越关注并重视财富管理这个领域。让我感动的是，在这本书问世之后，不断有读者联系我，和我交流他们的阅读感受，给我提供最新的风险案例，甚至不少年轻的读者因此以财富管理法律服务作为自己未来业务的发展方向。

因为这本书而与众多读者——他们中有法律界的同仁、企业家、金融从业者、家族办公室创始人等——结缘，也是我出版这本书的意外收获。这让我更清晰地认识到：当我们分享时，我们也在获得。

这本书在最后一次加印后不久，再次"库存告急"，让我又惊又喜。正在此时，中国第一部《中华人民共和国民法典》（以下简称《民法典》）通过，于是出版社老师和我商量，不如根据《民法典》的内容做一次全面的修订。

2019年，这本书的第一版面世，2020年，我开始了第二版的全面修订。在这短短的一年中，发生了很多大事，比如《民法典》的正式出台，比如突如其来的新冠疫情。这些事带来了很多的改变，也引发了我的很多思考。借着这本书再版的机会，我给大家分享一下我的观察和思考。

一、企业家开始敬畏风险，将股权财富风险管理提上日程

以企业主为代表的中国富裕阶层，在财富风险规划的意识上，有一个明显的逐渐加强的过程。我个人感觉，这个过程从2015年开始加速，但直到2019年，可以说都还是处于"理念教育阶段"。直到2020年，这一观念才正式落地生根。2020年的这一变化如此明显，以至于我们甚至可以把这一年视为"财富风险规划元年"。

导致这一变化的原因之一，毫无疑问就是突如其来的新冠疫情。疫情的到来，让百姓的健康和中国的实体经济都遭受到了极大的挑战。民营企业作为中国经济的晴雨表，在2020年上半年受到的挑战尤其严峻。在此前经济快速发展的三四十年里，企业主考虑得更多的是企业的发展，而很少

关注财富风险的规划与管理，这次疫情以"大考"的方式，给企业主们上了一课。疫情既考验了企业的抗打击能力，也考验了企业主家庭财富风险承受的能力——对企业主来说，家庭财富与企业状况休戚相关。

据我观察，以企业主为代表的高净值人士在这一年的变化，具体表现在四个方面。

1. 财富风险规划意识的觉醒。有一句话是这么说的：你永远叫不醒装睡的人。对任何一位企业家来说，家族财富风险规划都是一个复杂的系统工程，涉及家族成员利益博弈、家族治理机制设计、家族企业治理与股权调整等，因此，企业家往往处于"想要做"但"不愿动"的状态。疫情的出现，让他们实实在在感受到了风险的"威力"，从内心深处产生了对财富风险规划的强烈需求。

2. 对不确定性的敬畏。作为高净值人士，尤其是企业家，往往非常自信。当专业人士提醒他们注意财富风险时，他们往往认为专业人士夸大了风险，是在"危言耸听"，认为这些风险与自己的企业或家庭无关。但是，当疫情的到来使财富风险成为了现实，而且是发生在周围朋友甚至自己身上的现实时，他们开始对财富风险，对世界的不确定性有了敬畏之心，不再认为自己能掌握一切了，切实认识到应该寻求专业人士的帮助。

3. 执行力的增强。统计数据显示，在灾难之后，比如2008年中国的汶川地震发生后，整个社会的结婚率、离婚率，以及决定辞职创业的人数等数据，跟其他年份相比都会发生变化。这是因为，巨大的灾难让人们不得不正视风险，重新思考自己的人生规划。在2020年中后期疫情缓解之后，我发现很多客户开始着手家族财富规划方案的落地实施。而在以往，客户对于家族财富规划的态度是"重要但不紧急"，也许一个企业投资项目就会使他们的注意力转移开来。总的来说，2020年经济复苏以来，以企业主为代表的高净值人士在财富规划方面明显更有执行力。

4. 专业度的提升。财富管理业务面对的客户可以说是最聪明能干的群体——以企业家为代表的高净值群体，他们往往思维敏锐、逻辑力强、目标清晰，又有着极强的学习能力和信息接收能力。当他们意识到财富管理的重要性和必要性时，能快速提升自己在这个知识领域的专业水平。比如在婚姻、继承、信托、保险、公司治理等方面，不少客户已经有了相当程度的知识储备；比如对于财富管理服务者的专业能力，他们有着很高的判断能力。

客户的这些转变，对我们财富管理领域的从业者来说，既是机遇，也是挑战。这就要求我们从业者提升服务水平，具备理念启蒙、专业服务、架构搭建、落地实施等全方位的综合能力。只有这样，当客户有了风险意识的时候，我们才能告诉他风险在哪里，应对方案是什么，怎么落地实施。

二、家族企业治理是股权财富的短板，需要新型法律服务

到目前为止，我已经为很多企业创始人及家族提供了财富传承规划服务。在这个过程中，我发现中国企业家普遍面临着一个难题：如何解决创始人老去后企业存续的问题。具体来说，这个难题还可以分解为若干个方面：（一）一代创始人如何传承股权所有权给后人的问题；（二）承继股权的后人如何守护家族股权的问题；（三）家族企业所有权与经营权分离的问题；（四）全球资产配置与家族成员身份流动的问题；（五）后人

如何传承家族精神的问题……

要解决这个难题，需要沉浸到企业与家族内部，根据家族传承的目标，为家族搭建顶层架构，这显然不是企业家擅长的，甚至也不是传统律师擅长的。实际上，在这个过程中，最核心的角色是顶层架构师——这是一个全新的、没有前例可循的职业。

顶层架构师这个角色，我觉得最合适的人选是律师，原因有两个。第一，律师的客观、独立与专业，使其能天然得到客户的信任；第二，要科学地搭建家族顶层架构，法律工具必不可少，甚至是至关重要的，律师担任顶层架构师，有其专业上的优势。家族顶层架构，包括公司治理与家族治理，其中最核心也最复杂的部分，是如何处理股权财富。因此，顶层架构师对各种股权风险的存在及其应对策略，必须有深入的了解。

在国外，很多古老的家族正是因为搭建起了家族顶层架构，至今还保持活跃，拥有巨额财富。不过，我并不觉得一定要照搬西方的模式，因为中西方文化不同、政治经济体制不同，各家族的家族成员构成、面临的问题等也有所不同。所以，如何结合中国国情，走出一条适合中国企业、中国家族企业的治理与股权传承之路，就需要财富管理领域的律师深入研究，提供新型的法律服务。

三、中国家族办公室业务及专业人才核心竞争力

2020年，我还有一个比较大的感受就是，越来越多的专业人士开始投身家族办公室业务。这个职业非常考验综合业务能力，从业者需要协调各种资源，向客户交付一个复杂的规划方案。我认为，家族办公室业务

一定是高居家族财富管理金字塔顶端的业务,是财富管理王冠上的明珠。

家族办公室要解决的核心问题,就是家族投资与家族治理。从另一个角度来说,未来,家族资产管理的核心角色一定是家族办公室,而家族资产治理的核心目标,则是家族资产的投资与安全传承。无论是投资、传承还是风险隔离,股权财富因其复杂性、重要性,必然是最受客户关注的。

我写作本书时最大的体会就是,中国亟待发展本土的家族办公室和家族律师。本书梳理的六大股权风险——离婚、继承、代持、融资、股权激励、涉外及涉港澳台家事关系涉及的股权争议,每一天都在发生。而要想帮助家族企业提前规避这些风险,必须具备足够的专业整合能力与系统搭建能力。

也就是说,家族财富规划必然要围绕股权的安全、股权的传承、家族企业的治理展开,而能够提供这种架构的从业者,也就具备了家族企业传承业务的核心竞争力。根据我的观察,在现在的财富管理领域,拥有这种能力的人还是极少数,这种人才还属于稀缺人才。

我希望,有越来越多的人加入到财富管理这个领域,成为具有核心竞争力的人才,共同打造中国财富传承之路的生态,推动中国家族办公室本土化发展的进程。

四、《民法典》生效对财富管理领域的影响

2020年5月,第十三届全国人民代表大会第三次会议通过了新中国成立后第一部《民法典》,共7编、1260条,各编依次为总则、物权、合同、人格权、婚姻家庭、继承、侵权责任,以及附则。《民法典》自2021年1

月1日起施行,原《中华人民共和国婚姻法》(以下简称《婚姻法》)、《中华人民共和国继承法》(以下简称《继承法》)等九部法律同时废止。

《民法典》号称中国社会生活的法律百科全书,是民事法律规范的集大成者。关于商法规范,如《中华人民共和国公司法》(以下简称《公司法》)及其司法解释,不属于《民法典》的适用范围。本书是关于企业家股权高频风险的分析与总结,其中案例适用的法律,虽然涉及婚姻、继承等家事法律,但主要依据还是《公司法》关于股东权利义务、公司组织文件效力、公司治理机制等商事规范。所以,虽然修订版根据《民法典》进行了相应的调整,但是基本的分析、论述、案例等与第一版相比并无重大变化。

《民法典》增加的新条款,有很多涉及中国的家事关系。中国人在过去几十年积累了大量的家庭财富,财富类型与家庭关系也日益复杂。《民法典》反映了这些复杂性,对旧有家事法律规范做了相应的增、删、改。比如物权编关于居住权制度的创设,未来会直接影响中国人的房产配置、养老安排、房产所有权与居住利益分别传承的创新制度的产生。这些条款,必将对中国社会带来深远的影响。立法者的目的是为了促进社会的公平与福祉,而我们则要具备基本的法商思维,以便理解立法者赋予我们的权利,好好生活。

如果真的有时光机器,我们穿越到未来30年后再回望当下,会发现这是一个财富管理"刚需呈现、供给不足"的阶段。中国家族企业传承的模式与规范,从此刻开始定义。企业家需要做的,是在不确定的时代做确定的事情;而作为一个财富管理律师及先行一小步的从业者,我愿意告诉企业家,哪些是确定的事情。

五、企业家朋友如何阅读这本书

本书总结了有关股权的六类高频风险。既然是"总结",必然是针对已经发生的事情,也就是说,这本书是帮助企业家朋友了解过去常见的股权风险案例,并对之进行分析、提供建议。我想告诉企业家朋友的是,这些风险大都是可以提前预防的,预防的方法就在书里。

但是,我也知道作为企业家,您的时间都很宝贵,所以,我不建议您通读这本书,可以把它放在办公室的书架上,遇到哪一类痛点问题,就翻开某一章的某一节,有针对性地阅读。相信这种"指南"式的阅读,会让您每一次都有收获与启发——前人踩过的坑,我们可以优雅地绕开。

甚至,您还可以更加"偷懒",都不用读完整节内容,而只读每节最后的律师建议,这些都是针对某一个真实股权风险场景给予的精准建议。总之,32 节内容,32 处律师建议,可以说基本覆盖了企业家在股权财富方面的风险场景及应对策略。

不过,书里提供的具体建议,可以说是股权财富保护之"术",除此之外,还有更多法律服务产品属于股权财富保护之"道"。在这方面,我本人及团队也做了很多的研究与分享,读者朋友可以关注我的微信公众号和视频号"薛京律师",我会针对家族企业股权传承与公司治理,持续输出专业观点和实时观察。

薛京律师

2021 年 1 月于北京

初版序

在本书即将付梓的时候，电视剧《大江大河》开始热播，三位主人公跌宕起伏的命运与中国企业崛起的历史交织在一起，让人动容。民间自发的致富热情与庙堂之上的政策变革相互激荡，使中国的市场经济从复苏、成长到壮大，由涓涓细流奔涌成大江大河。

目前，中国有数千万家民营企业，它们构成了中国最具活力和创造力的经济实体，对中国经济的发展贡献殊巨。在民营企业创造了巨大的社会财富的同时，这个时代最富有冒险精神和创新精神的人群——诸多民营企业主，也抓住了时代的脉搏，创造了不菲的个人财富。他们白手起家、创造财富的载体，正是以其个人资金、技术等资源创立的企业。

公司作为当代社会主流的企业形式，可以有效实现资本与人力等社会资源的结合，组织起高效的营利行为，为股东获得最大的收益。作为经营性资产，股权的价值远非房产、存款等非经营性资产可比。放眼国内外，各个富豪排行榜上的风云人物无不握有成功企业的股权。可以说，中国的私人财富已经进入股权时代，股权财富已经构成大多数高净值人士的核心资产。我们评价一个人的财富水平时，不再光看他的房产、资金等，更要看他掌握了哪些股权、这些股权未来创造后续财富的潜力有多大。

某种程度上可以说，掌握了股权，就掌握了未来。近年来，中国的创业大军不断扩大，企业主的数量不断增多，越来越多的人开始追求股权财富。但是，相比其他类型的财富，股权财富更具复杂性与专业性，价值和风险并存。要想完全了解与掌控股权，并非易事。作者及作者所在团队服务过很多大型民营企业，曾为诸多家族企业出谋划策，在此分享一个企业主股权财富风险检视系统（见下图）：

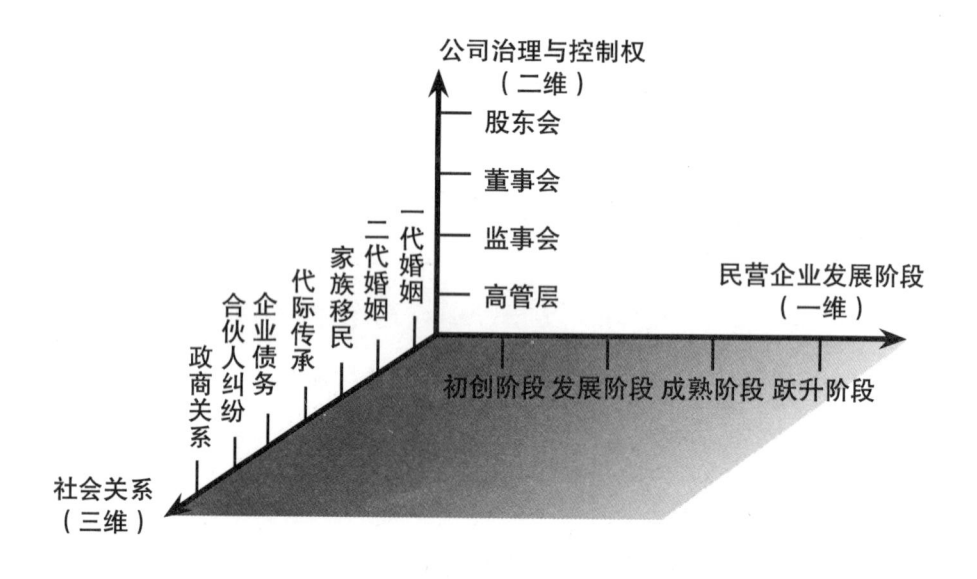

第一个维度是民营企业的各个发展阶段。一个企业的完整周期包括初创阶段、发展阶段、成熟阶段、跃升阶段。鉴于目前国内创业企业的平均寿命不到2年，公司发展的每一步都可谓步步惊心。这一维度是企业主股权财富的积累过程，在不同的阶段，企业主面临的法律风险各有不同。比如说，在初创阶段，是设立一人有限责任公司还是设立有多个股东的公司更安全？公司注册资本是越多越好，还是应该逐步增资……这些问题处理得稍有不慎，就可能成为公司发展的阻碍，甚至会使创业折戟沉沙。

第二个维度是公司治理与控制权，它决定了企业主对公司的控制权是否安全。公司治理包括股东会、董事会、监事会三会的议事规则及控制权的安排、高管团队的约束与激励机制。对于很多企业主而言，公司还处于"夫妻档"或全家上阵、家企不分的阶段，公司治理往往非常粗放。但是，在企业规模逐渐发展的过程中，如果忽视了对控制权的保护，很可能会给企业主的股权财富带来巨大风险。

第三个维度围绕企业主的社会关系展开，在三个维度中最为复杂。这些社会关系包括企业主的婚姻关系、二代接班关系、合伙人关系以及企业债权债务关系、政商关系，等等。作者在与很多企业主聊天时，经常开玩笑地提醒他们"提防"身边的四种人：枕边人、合伙人、债权人、接班人。因为在这些关系中一旦出现风险，如企业主婚变、合伙人纠纷等情况，将会给他们的股权财富带来很多麻烦与不确定性，甚至可能导致企业主多年的心血毁于一旦。

树欲静而风不止，企业主在致力于公司经营时，往往会因为第三个维度中的各种关系发生风险，导致财富流失。这些风险的发生，常常以争议诉讼的方式呈现，如离婚大战、争产风波、合伙人决裂、股权代持争议、投资人起诉原始股东……在诉讼的过程中，当事人往往发现"亡羊"的风险早已埋下，想要"补牢"为时已晚。

我就职于北京大成律师事务所，从事律师职业多年。执业以来，为很多民营企业提供公司法领域的非诉与诉讼法律服务，代理了多起典型股权纠纷案件。在中国私人财富法律服务刚开始萌芽时，我有幸成为国内第一批私人财富专业律师，并在这一领域深耕细作。目前，我所在的王芳律师家族办公室法律团队已为多个企业主家庭提供家族治理与传承顶层架构设计，走在私人财富法律服务的最前沿。

企业主的创业激情与勤奋精神令我非常钦佩，他们是各个领域的精英，但是对于股权财富的风险，很多企业主还是懵懵懂懂；当他们遇到股权纠纷的时候，往往只能被动应战，甚至不知道在面临诉讼时该如何保住自己的股权，如何应诉、协商、谈判以争取最优方案，以及如何采取措施避免类似风险。企业主需要了解这些风险，需要有人帮助他们梳理这些风险，消除这些法律的盲区。

2018年初，我开始有了一个愿景：给企业主及其家庭写一本书，专门分析、总结股权财富方面的高频纠纷风险，并提供针对性的建议。这点小小的使命感，使得我在忙碌的工作之余，挤出时间查阅了大量司法判例，总结出六大类与私人财富相关的高频股权纠纷，逐一分析其法律风险要点、审判案例的精神、相关法律依据，并逐节提供律师专业建议，最终形成了本书。我希望本书能对企业家朋友、律师同仁、财富管理机构等相关专业人士了解相关风险，共同探讨相应的防范措施有所助益。

本书共分为六章：

- 离婚之股权纠纷高频法律问题
- 继承之股权纠纷高频法律问题
- 代持之股权纠纷高频法律问题
- 企业家融资之股权纠纷高频法律问题

- 股权激励之股权纠纷高频法律问题
- 涉外、涉港澳台家事关系之股权纠纷高频法律问题

  以上六类高频股权纠纷，是企业主最常面临争讼的股权财富风险。本人通过检索公开的司法判决书、裁定书，在几百个案例中选取了近60个与股权财富高频风险相关的司法审判案例，对之进行分门别类，逐一分析法院的裁判思路、依据与观点；另外，我在每个小节的开始都列举了一个典型案例，这些案例大多是我根据工作中遇到的实际案例加以改编的。通过全书近百个案例，以及每一节结尾处的法律建议，我希望达到的效果是——看到别人吃一堑，我们自己长一智。

  每一条大江大河奔腾入海前，都会经历九曲十八弯；有些波折是成长与历练，有些波折却是可以避免的。不管是什么缘由促使您拿起了本书，我都希望本书的内容能够给您一些小小的启示——了解风险，正视风险，管理风险，才能确保我们的财富，尤其是股权财富风险可控，才能在我们全力以赴经营企业的时候，少一些不确定性，多一些从容与智慧。

薛京律师
2019年1月于北京

目 录

01 离婚之股权纠纷高频法律问题

第一节　离婚时，夫妻间是否应按工商登记的出资比例分割股权 // 003

第二节　离婚时，双方对于平分股权还是补偿一方折价款有争议，
法院怎么判 // 010

第三节　离婚一方获得股权折价款时，如何确定股权价值 // 018

第四节　离婚过程中，一方擅自无偿或低价转让股权是否有效 // 027

第五节　婚前获得的股权，离婚时如何确定并分割婚后增值部分 // 033

第六节　离婚时，公司的钱能不能分？对方转移公司的财产，
能不能追 // 041

02 继承之股权纠纷高频法律问题

第一节　多个子女争着继承股权，谁来当股东 // 049

第二节　股权继承后，公司股东人数超过法定 50 人或股权无人
继承怎么办 // 059

第三节　股东未履行出资义务，继承人能否继承股权 // 065

第四节　能否预先筹划，限制不受欢迎的人继承股权 // 072

第五节　未成年子女、公务员、外国人能否继承股权，
　　　　成为公司股东 // 081

第六节　继承人是否有权要求继承股权增值部分和分红 // 087

03 代持之股权纠纷高频法律问题

第一节　股权让别人代持，有没有法律效力 // 095

第二节　夫妻一方代持第三人的股权，离婚时是否会分割 // 104

第三节　名义股东或隐名股东死亡，代持的股权如何继承 // 113

第四节　代持人有债务，代持的股权是否还安全 // 118

第五节　名义股东转让代持股权，隐名股东能否要求返还股权 // 124

第六节　做名义股东替别人代持股权，风险到底知多少 // 129

04 企业家融资之股权纠纷高频法律问题

第一节　对赌协议约定的股权回购条款是否有效 // 139

第二节　股东签署的对赌协议是否属于夫妻共同债务 // 146

第三节　创始股东引入投资人，如何提防失去控制权 // 155

第四节　除了要求股东回购股权之外，投资人可以打官司
　　　　解散公司吗 // 164

第五节　投资人是天使还是"冤家"——投资人还可以把创始
　　　　股东怎么样 // 171

目 录

05 股权激励之股权纠纷高频法律问题

第一节　股权激励对象离婚时，激励股权（股票）能否要求分割 // 181

第二节　激励对象死亡时，激励股权（股票）能否继承 // 188

第三节　激励对象离职时，是否应该返还股权 // 195

第四节　激励对象未出资，影响股东资格的认定吗 // 202

第五节　高管未完成考核指标时，是否会影响股权激励 // 206

06 涉外、涉港澳台家事关系之股权纠纷高频法律问题

第一节　中国人转让外国公司股票，发生纠纷时哪国法院审、哪国法律判 // 215

第二节　涉外继承纠纷中，遗嘱效力按外国还是中国法律确定 // 223

第三节　经常居住地认定是中国还是其他国家或地区，法定继承结果一样吗 // 230

第四节　香港法院审理离婚案件，如何确定涉案股权的分割 // 237

01

离婚之股权纠纷高频法律问题

第一节　离婚时，夫妻间是否应按工商登记的出资比例分割股权

典型案例

黄总是一家大型机械公司的大股东、董事长，经过多年打拼，公司已经成为当地的龙头企业，公司年净利润超过两个亿。虽然事业很成功，但因为疏于对家人的照顾，从前年开始，妻子几次提出离婚。一直以来黄总都设法安抚、挽留，可是今年，在一次激烈的争吵之后，黄太太直接向法院起诉离婚，要求分割公司50%的股权，黄总只能应诉，并找到我们团队代理应诉。

经了解，二人在2001年结婚，公司于2003年设立，当时为了避免成为一人公司，登记的股权比例是黄总90%，黄太太10%。黄总提出，公司所有的出资都是他筹集的，黄太太从未参与经营，能不能主张股权

属于他的个人财产？如果不行，是否应当按照公司登记的出资比例分割股权，即保持公司股权比例现状？

现实生活中，很多公司是在创始股东婚后设立的。在公司设立过程中，必然要登记公司股东的出资比例，由于此时夫妻关系一般比较融洽，资产上不分彼此，所以登记在二人名下的出资比例一般比较随意，甚至很多时候只登记在一个人名下。但是，如果二人离婚且分割股权时，持股少或不持股的一方往往要求平分股权或者股权价值，持股多的一方则认为应该按照登记比例来确定股权归属。后者的理由是，工商登记的出资比例基于夫妻股东共同签署的公司章程、股权登记资料等书面法律文件，应当视为夫妻间对于股权归属的书面约定，离婚时应当以此确定股权分割比例。

支持这种观点的甚至还举出了依据，《民法典》第一千零六十五条规定：

> 男女双方可以约定婚姻关系存续期间所得的财产以及婚前财产归各自所有、共同所有或者部分各自所有、部分共同所有。约定应当采用书面形式。没有约定或者约定不明确的，适用本法第一千零六十二条、第一千零六十三条的规定。
>
> 夫妻对婚姻关系存续期间所得的财产以及婚前财产的约定，对双方具有法律约束力。

也就是说，持这种观点的人认为：公司章程对于夫妻兼股东的股权比例约定可以推定为书面的夫妻财产约定。这也是很多实际经营企业中登记出资比例较多的一方希望的分割方案，因为一旦按照一人一半分割，不但涉及财产利益，二人各持一半股权也会对公司的人合性造成破坏，给公司治理带来不确定性因素。但是，到底法院会不会支持这种主张呢？我们来分析最高法院的一个案例。

实务判例

实务判例 根据（2017）最高法民终336号判决书。魏某与李某为夫妻，两人婚后成立多家公司。魏某主张，这些公司均为婚后设立，二人名下股权应为共有财产，对双方在以上各家公司的出资应平均予以分配；李某主张，双方在公司中各自名下的出资及股权，是双方对夫妻财产的约定，应归各自所有，不应作为夫妻共同财产进行分割。公司股权应判归一方，由一方给另一方财产补偿，而不应将公司股权平分，否则将导致股东会无法做出有效决议以致公司陷入僵局，严重损害李某及公司全体员工的权益。

双方似乎各有道理，那么最高人民法院对于涉案股权如何分割的判决结果也是具有指导意义的。终审判决要点如下。

1. 婚后设立的公司股权，属于夫妻婚后共同财产

法院的依据是，涉讼几家公司均为二人婚后设立，《婚姻法》第十七条规定："夫妻在婚姻关系存续期间所得的下列财产，归夫妻共同所有：（一）工资、奖金；（二）生产、经营的收益；（三）知识产权的收益；（四）继承或赠与所得的财产，但本法第十八条第三项规定的除外；（五）

其他应当归共同所有的财产。"除非李某能拿出二人对于股权归属的书面夫妻约定，否则涉讼股权属于《婚姻法》规定的"其他应当归共同所有的财产"，归夫妻共同所有，应予分割。①

2. 股东登记比例不能推定为夫妻之间有关于股权归属的约定

法院认为，虽然李某主张在婚姻关系存续期间登记在各自名下的股权应归各自所有，但并未提供相应的证据予以证明（即明确的书面夫妻财产约定），不符合《婚姻法》第十九条②的有关规定。故法院对其主张不予支持。根据《婚姻法》第十七条③的规定，以双方或者一方名义登记在上述公司中的出资额及股权应为夫妻共同财产，法院认为上述公司的股权应由双方平均分割并无错误。

从法院判决可以看出，工商登记文件，包括章程、股权变更材料等，虽然具有对外部的公示效力，但是并不能以此推定为夫妻关于股权归属的书面约定，因为如果支持这个观点的话，夫妻一方名下股权平均分割，而夫妻各自名下股权反倒按登记比例分割，得出的结果必将不公和产生矛盾。所以法院不支持按出资比例认定股权归属，符合法律规定和公平原则。

---

① 此处《婚姻法》第十七条对应《民法典》婚姻家庭编第一千零六十二条："夫妻在婚姻关系存续期间所得的下列财产，为夫妻的共同财产，归夫妻共同所有：（一）工资、奖金、劳务报酬；（二）生产、经营、投资的收益；（三）知识产权的收益；（四）继承或者受赠的财产，但是本法第一千零六十三条第三项规定的除外；（五）其他应当归共同所有的财产。"此处涉讼股权同属于《民法典》婚姻家庭编规定的"其他应当归共同所有的财产"。
② 此处《婚姻法》第十九条对应《民法典》婚姻家庭编第一千零六十五条："男女双方可以约定婚姻关系存续期间所得的财产以及婚前财产归各自所有、共同所有或者部分各自所有、部分共同所有。约定应当采用书面形式。没有约定或者约定不明确的，适用本法第一千零六十二条、第一千零六十三条的规定。夫妻对婚姻关系存续期间所得的财产以及婚前财产的约定，对双方具有法律约束力。夫妻对婚姻关系存续期间所得的财产约定归各自所有，夫或者妻一方对外所负的债务，相对人知道该约定的，以夫或者妻一方的个人财产清偿。"
③ 此处《婚姻法》第十七条对应《民法典》婚姻家庭编第一千零六十二条。

3. 李某可以案后协商解决公司治理问题

法院认为，将案涉几家公司的股权平均分割，并不必然导致公司僵局。若李某担心股权平均分割不利于公司经营，可以在本案确认股权归属之后，与魏某另行协商解决。

法院支持了魏某的诉求，导致判决执行后，魏某在各家公司的股权比例上升。由于夫妻兼股东之间的人合基础已经不存在，确实会对公司将来的治理产生一定影响。但是，这不是本案诉请解决的问题，恐怕将来只能通过协商或另一个公司僵局之诉来解决了。

所以，除非夫妻之间有明确的书面协议，否则离婚时不能直接按登记的出资比例来分割股权。

律师建议

所以，本节开始的典型案例中黄总夫妻二人在婚后持有的股权均属于共同财产，应当平均分割，也就是一人50%，而不是按股权比例认定。对于这样的风险，应当如何事先预防、事后应对呢？根据多年的执业经验，笔者的建议如下。

（一）通过夫妻财产约定进行限制

《民法典》第一千零六十五条规定：男女双方可以约定婚姻关系存续期间所得的财产以及婚前财产归各自所有、共同所有或者部分各自所有、部分共同所有。夫妻对婚姻关系存续期间所得的财产以及婚前财产的约定，对双方具有法律约束力。所以，如果希望按照工商登记比例确定股权归各自所有，可以通过签署婚前、婚后夫妻财产约定来排除股权共同所有。该夫妻财产约定应当采取书面协议的方式，而不能主张推定公司章程的规定为夫妻财产约定。

（二）发生婚变时，为避免股权变动导致公司陷入僵局，可以协商补偿折价款

黄先生认为自己很委屈，太太不管挣钱、不参加企业经营，却提出分一半股权。由于双方没有夫妻财产约定，按照法定夫妻财产制度，黄太太的要求是有法律依据的。如果股权按照100%平均分割，双方各持50%股权，在有分歧的情况下做不出任何有效股东会决议，黄先生耗费了半生心血的企业可能就要陷入僵局。所以，建议黄先生牺牲一定的经济利益，通过协商方式给予女方股权折价款，获得股权控制权的安全和公司治理的长久稳定。对于黄太太来说，作为非经营一方，由于信息不对称，建议聘用专业法律、财务人士帮助判断折价款是否具有合理基础，并起草专业、严谨的离婚协议及财产分割条款。

（三）诉讼中，积极争取法院支持己方获得股权、对方给予折价

如果双方协商不成诉至法院，实际经营公司的一方往往会提出自己要股权，给予对方股权折价的主张。法院是否支持视情况而定，但原则是按照夫妻共同财产进行平均分割。所以，主张获得股权的一方，需要积极证明自己获得股权更为合理的理由。如黄先生这个案子，需要证明女方没有实际参与经营，缺乏经营公司的经验，二人感情恶化难以共事，女方获得50%股权会造成公司经营困难等问题，以说服法院相信平分股

权、二人共同经营公司不是一个好的方案。

（四）通过设立自然人控股集团避免分割多个公司的股权

在实务判例中，涉及分割多个公司股权，造成多个公司在大股东离婚后陷入股权变动、公司治理风险。究其原因，是夫妻一方或双方在各个公司里直接持股。建议企业家可以对多个家族企业股权进行梳理，在公司发展到一定阶段时，设立母公司控制各个子公司、子企业，夫妻二人不再直接持有子公司股权，而是通过母公司持有。这样，大股东面临婚变时，只是分割母公司股权，并不能直接分割各个子公司股权。离婚后，可以通过各个子公司的增资或公司治理机制，继续保有对各个子公司的控制权，同时将母公司分割股权的不利影响降到最低。

第二节 离婚时，双方对于平分股权还是补偿一方折价款有争议，法院怎么判

典型案例

高先生经营一家高新科技公司，生产环保检测设备，利润可观。2015年，太太提出和他离婚，并且要平分高先生在公司的68%股权。经过曲折的离婚诉讼，高太太获得法院支持，分得一半股权。但是，让高太太烦恼的是，自从她和高先生离婚后，公司报表一直呈亏损状态，所有的高管全部跳槽，合作商也不再和公司签约，公司再没有开过股东会，也没有分过红。高太太怀疑前夫把企业做成空壳，将核心团队和所有业务转移到一家离婚后新设立的公司，却又苦于没有良策。高太太拿到手的股权，由于公司亏损不分红，仿佛空头支票，不能变现。

高太太当初通过离婚诉讼分得股权，须满足以下条件：

第一，涉讼股权属于夫妻共同财产。

判断涉讼股权是否属于夫妻共同财产，要看高先生的股权是否于婚姻存续期间取得且无相反证据证明属于个人财产。如果有证据证明，股权是高先生婚前取得，或者虽于婚后取得，但是属于个人财产情形的，股权本身不能作为共有财产分割。

第二，夫妻之间没有书面夫妻财产约定。

即使股权是婚后取得，如果双方在婚前或婚后的夫妻财产约定、夫妻财产分割协议、离婚协议书等文件中明确约定了股权归属于一方个人，法院尊重双方意愿，离婚时应按照双方的约定确定归属。

第三，其他股东没有行使优先购买权。

《最高人民法院关于适用〈中华人民共和国民法典〉婚姻家庭编的解释（一）》（以下简称《民法典婚姻家庭编司法解释（一）》）第七十三条规定：

> 人民法院审理离婚案件，涉及分割夫妻共同财产中以一方名义在有限责任公司的出资额，另一方不是该公司股东的，按以下情形分别处理：
>
> （一）夫妻双方协商一致将出资额部分或者全部转让给该股东的配偶，其他股东过半数同意，并且其他股东均明确表示放弃优先购买权的，该股东的配偶可以成为该公司股东；
>
> （二）夫妻双方就出资额转让份额和转让价格等事项协商一致后，其他股东半数以上不同意转让，但愿意以同等条件购买该出资

额的，人民法院可以对转让出资所得财产进行分割。其他股东半数以上不同意转让，也不愿意以同等条件购买该出资额的，视为其同意转让，该股东的配偶可以成为该公司股东。

用于证明前款规定的股东同意的证据，可以是股东会议材料，也可以是当事人通过其他合法途径取得的股东的书面声明材料。

两个人因为离婚分割股权，实际产生了股权变更的效力，如果公司有其他股东，需要考虑公司的人合性质，征得其他股东同意，且其他股东对涉案股权有同等价格的优先购买权（笔者认为，这里所说的同等价格，应当是经法院认定的股权价值）。所以，现实中股权能否分割，还要看其他股东的态度，如果其他股东没有以实际行动购买涉讼股权，则视为同意分割股权。

所以，法院在满足以上三个条件的情况下裁判分割公司股权。但是，股权属于一种特殊形态的财产，不像房屋、存款等资产仅具经济价值，股权不仅包括分红权等财产性权利，还包括决策权等人格权，简单分割股权未必是上策。

作为不参与公司经营的一方，获得股权后，也许会遭遇案例中高太太的情况——股权价值空壳化。而高先生作为公司的大股东、实际控制人，如果被太太分得股权，可能就会遭遇离婚后还要和前妻共事，公司陷入僵局的麻烦。

所以，无论是哪一方，都有可能提出经营一方拿股权、非经营一方拿股权折价款的方案。如果双方对这样的分割方案有异议，法院会如何裁判呢？

01 离婚之股权纠纷高频法律问题

实务判例

（一）法院可以根据自由裁量权，决定怎样分割夫妻共有的股权

实务判例-1 根据（2013）浙民提字第121号判决书。柳某与王某甲系夫妻，赛达公司系柳某在夫妻关系存续期间以夫妻共同财产与案外人共同出资设立，柳某持有公司33%的股权。一审法院认定赛达公司33%的股权作为夫妻共同财产依法予以分割，因柳某未征得王某甲同意，擅自将该股权以明显低价转让给女儿王某乙，根据《婚姻法》第四十七条[①]的规定柳某应少分财产，一审法院据此判决赛达公司33%股权中的18.15%归王某甲所有，柳某分得14.85%的股权。不过，王某甲提出，应当通过竞价方式确定整体股权归属一方（另一方获得折价款，而不是分割股权比例）。对于王某甲的要求，二审法院认为，分割股权的方案属法院自由裁量范围，直接分割股权并无不当。

可见，直接分割股权还是评估股权价值给予一方股权折价，抑或允许双方竞价，价高者得股权，属于法院说了算。如果双方不能协商一致，法院有权决定具体选择什么方式处理双方股权分割争议。

（二）考虑公司人合性，经营方获得股权、非经营方获得补偿

实务判例-2 根据（2015）苏民再提字第00064号判决书。章某与陈某甲离婚后财产纠纷一案中，章某在一审中明确要求分割陈某甲名下

[①] 此处《婚姻法》第四十七条对应《民法典》婚姻家庭编第一千零九十二条："夫妻一方隐藏、转移、变卖、毁损、挥霍夫妻共同财产，或者伪造夫妻共同债务企图侵占另一方财产的，在离婚分割夫妻共同财产时，对该方可以少分或者不分。离婚后，另一方发现有上述行为的，可以向人民法院提起诉讼，请求再次分割夫妻共同财产。"

夫妻共同财产银鼎公司 100% 的股权，而陈某甲则要求直接按股权价值分割现金，双方当事人未能就股权分割达成一致。

《最高人民法院关于适用〈中华人民共和国婚姻法〉若干问题的解释（二）》（以下简称《婚姻法司法解释（二）》）第十六条①关于分割有限责任公司出资额的规定，适用前提是夫妻双方协商一致。由于本案双方未能协商一致如何分割股权，法院根据财产的具体情况，拒绝了原告要求分割股权的请求，而是按照双方在一审达成一致的股权价值，给予原告股权折价款补偿。

所以，大家看明白了吧，同样是夫妻财产分割诉讼，实务判例-1判决直接分割股权，实务判例-2则判决给予原告股权折价款补偿。所以，这类案件的处理结果具有不确定性，不确定性来源于法院对案件实际情况的自由裁量权，即法院觉得什么方式分割更合理就按什么方式裁判。

（三）法院判决直接分割股权，其他股东有异议怎么办

值得注意的是，《婚姻法司法解释（二）》第十六条②讨论的情形是夫妻双方协商一致分割股权，进而触发其他股东的同意权和优先购买权。那么，如果双方有争议，法院又直接分割股权的，其他股东能否提出异议——主张损害其优先购买权呢？

实务判例-3　根据（2017）最高法民终336号判决书。魏某与李某

---

① 此处《婚姻法司法解释（二）》已于2021年1月1日起废止，《婚姻法司法解释（二）》第十六条对应《民法典婚姻家庭编司法解释（一）》第七十三条，关于分割有限责任公司出资额的规定，适用前提同样是夫妻双方协商一致。

② 此处《婚姻法司法解释（二）》第十六条对应《民法典婚姻家庭编司法解释（一）》第七十三条，讨论的情形同样是夫妻双方协商一致分割股权，进而触发其他股东是否同意标的股权持有者转让股权的问题及其他股东的优先购买权。

为夫妻，两人婚后成立多家公司。终审法院认定涉讼股权归夫妻共同所有，且一审时魏某已经发出告知函通知公司其他股东，就其是否同意股权转让给魏某及是否行使优先购买权征询意见，部分股东回函同意转让且不购买，其余股东在判决前未予答复，法院认为应视为同意转让并放弃优先购买权。所以判决二人平均分割股权，并未损害案涉公司其他股东的优先购买权。

所以笔者认为，无论夫妻双方是否协商一致，只要涉及双方分割股权，均须通知其他股东；确定其他股东不购买股权的，可以通过协商或法院直接判决分割股权。

律师建议

（一）非经营一方，尽量争取获得股权补偿价款

本节开始的典型案例中，高太太的遭遇是根据笔者代理的真实案例改编而来的。由于高太太不是公司实际控制人，所以即使分得大比例的股权，也阻止不了实际控制人对公司利益的转移和空壳化。所以，根据笔者代理的多个案子的实际效果来看，执意争股权并非明智之举。对于非经营一方，即使争得股权，变现也要通过转让股权、分红、公司清算等方式才能实现；同时在公司中没有控制权，小股东的地位也堪忧。与其将来再通过诉讼去维权，不如争取法院的支持，要求分割股权价值，取得折价款。当然折价款是否合理，就要看如何确定股权价值了。这部分内容详见本章第三节。

（二）经营一方在诉讼中尽量证明分割股权会破坏公司人合性

正如本节所述，如果一方提出不分割股权而是进行补偿，另一方不同意时，法院有权根据实际情况自由裁量。如果经营一方不愿意分割股权，应当尽量举证证明分割股权、对方成为股东后对公司治理的不利影响。

如在实务判例-3中，李某与魏某共同创立案涉公司多家，且魏某参与经营公司多年，李某对此亦予以认可。魏某明确表示她一直以公司利益为主，公司运营并未因离婚受到影响，李某对此未提出异议。可以看出，李某不想将股权分割给魏某，但未能对于"魏某分割股权会影响公司治理"提供有力证明。具体而言，李某未能证明：（1）公司主要由他实际经营，魏某没有参与经营；（2）分割股权会直接造成公司僵局。因此，他提出的股权保持现状，给予对方折价补偿的主张未能获得法院支持。

（三）经营一方可以事先通过公司章程进行防范

《公司法》第七十一条规定了股东向外转让股权的程序，同时规定公司章程对股权转让另有规定的，从其规定。这条规定表明，《公司法》允许有限责任公司对于股权转让的程序和条件规定内部自治规则，公司章程没有规定的再适用《公司法》的规定。

根据《公司法》尊重公司自治的精神，公司可以在章程中约定，当公司股东发生离婚、需要分割股权时，夫妻二人中只能由一人担任公司股东，且这个人选应当经过至少二分之一以上股东（除当事人以外）同意。如果股东面临离婚，可以用公司章程对股东资格的获得有明确限制为由，拒绝分割股权，争取法院支持给予对方折价款的主张。

当然，这个方案主要适用于公司属有限责任公司且一方不是股东的情形，若双方都是股东的，股东内部的股权转让不需要其他股东同意。此外，章程的这种限制股东资格的条款，应当在离婚诉讼发生前制定或修正，否则可能被法院认定存在恶意规避股权分割，从而面临章程效力不被认可的风险。

第三节　离婚一方获得股权折价款时，如何确定股权价值

典型案例

赵女士和钱先生是大学同学，毕业后两人在同一家生物研究所工作。受到不少同行创业成功事件的激励，二人决定辞职，再拉上大学同学马小姐，共同成立一家生物制药公司，开始创业。2004年公司设立，注册资本200万元，公司股权比例是赵女士35%、钱先生35%、马小姐30%。经过几年的奋斗，公司逐步走上正轨，赵、钱二人于2007年也步入了婚姻殿堂。婚后第二年，赵女士生了一个儿子，由于孩子身体十分虚弱，需要精心照顾。在钱先生的劝说下，赵女士就把自己名下的35%股权转让给了钱先生，自己从公司辞职，专心在家照顾孩子。

2017年年初，赵女士发现钱先生出轨，二人为此激烈争吵。钱先生提出离婚并建议协议分手，股权分割方面，由于赵女士是全职太太，要

股权也没有用，可以给赵女士股权折价款 200 万元。

赵女士咨询我们三个问题：（1）赵女士已经转给钱先生的 35% 股权，能否认定为婚前个人财产？（2）赵女士能否要求分割钱先生名下的 70% 公司股权？（3）如何确定公司股权价值，以认定股权折价款是否合理？

我们接受这个案件的代理后，为赵女士分析如下：

（1）婚后赵女士转让给男方的 35% 股权，因为是男方婚后获得，已经成为夫妻共同财产；

（2）男方婚前的 35% 股权仍然是他的个人财产，离婚不能分割，对应的婚后收益属于共同所有，可以分割，但需要赵女士证明收益的存在及价值；

（3）赵女士可以要求分割共有的 35% 股权，但经过理性分析，建议通过协商或诉讼要求获得股权折价款，以免将来即使获得股权，也因为公司不分红或者对方转移利益而只得到"空壳"股权，不能变现。

所以，获得折价款（无论是通过协商还是诉讼），最关键的问题就是如何确定股权的价值。确定股权价值往往非常困难，这是因为：

（1）非股东一方信息往往不对称。公司股权作为一种特殊的财产，股权价值和公司的实际经营情况息息相关。作为外部人的非经营一方，很难知道公司的实际经营情况，尤其是财务不规范的公司。像赵女士这样的"三不知太太"，对于公司的核心资产、业务、债务等重要经营信息一概不了解，在协商股权价值时必定被动。

（2）不同的评估机构、评估方法得出的股权价值也不尽相同。在双方无法对股权价值达成一致时，需要借助公允的第三方提供专业意见，一般是委托专业评估机构对公司股权价值进行评估。不过，不同的评估机构、评估方法、评估基准日、评估目的，所得出的评估价值不尽相同，有的甚至相差很大。比如，公司已经完工但尚未竣工验收的在建工程，按照投入的历史成本评估，和按照出售后的市场价格评估，评估价值会有很大的差距。

（3）评估需要申请，因为涉及第三人利益，需要公司本身配合。评估一般需要当事人申请，法院接受申请并指定评估机构进行。但是，评估机构需要依据公司的财务资料，甚至需要现场勘察，才能得出评估结果。现实中，公司由于受控于持股一方，往往会用各种借口拒绝（如账册丢失）或消极不配合，导致评估难以进行。

实务判例

确定上市公司的股份价值相对简单，因为股票二级市场价格是公开信息。但是，现实中大多数股权分割涉及的是有限责任公司，股权价值如何确定，法律没有明确的规定。综合各地的审判案例来看，主要有以下几种解决方式。

（一）双方协商确定股权价值或者竞价

在离婚诉讼中，对于股权价值的确定，双方可以协商。这里特别提示不参与公司经营的一方，尤其是全职太太，不要轻易相信对方对于公司价值评估的一面之词，因为一旦签字并离婚，事后发现补偿不公再去诉请撤销补偿条款，除非有充分证据证明对方欺诈、隐瞒，否则很难撤销折价补偿协议。

现实中，有可能双方都想要股权及经营权，在这种情况下，法院有可能会让当事人对股权价值进行竞价，价高者得股权，价低者按价高者喊价获得股权价值折价款的一半，放弃股权的分割。这样倒也简单明了，可以作为一种方案提出。

实务判例-1 根据（2013）临民一重字第1号判决书。原、被告双方于2009年签署离婚协议书并办理了离婚手续。双方在协议中就股权分割做如下约定：被告持有的上市公司股票全部归被告所有，被告一次性支付给原告股份折价款100万元。事后，原告认为被告作为上市公司董事，明知所持股份市值达上亿元，却故意隐瞒股份真实价值，误导原告接受离婚协议书中约定的100万元，显失公平，被告构成欺诈，诉请撤销离婚协议中对于股份分割的约定。

法院认为，双方所分割的股份为被告作为董事持有的上市公司股份，持股情况及股票价格可以通过公开的渠道获知。同时，双方在协议分割上述股份时进行了充分磋商，而非仓促达成。基于此，法院最终认定，双方签订离婚协议时不存在欺诈的事实，故对原告要求撤销该协议的主张不予支持。

（二）公司同意评估，根据股权评估价值确定折价款

在涉及股东离婚分割股权的诉讼中，对于股权价值如何确定，法院可能会根据当事人申请，要求公司接受评估。如果公司同意，法院将会委托有资质的评估机构对公司股权价值进行评估，在此基础上确定股权价值。简单理解的话，一方获得的股权折价款可以按以下公式计算：

一方获得的股权折价款＝公司整体股权的评估值 × 离婚涉讼股权比例 /2

评估机构对于公司整体股权的价值评估，是根据评估目的、评估基准日、评估方法等要素进行的。比如，股权价值和评估基准日有关，如果公司在评估时属于烧钱状态，即使商业模式再有前景，未来上市前景或商业价值也很难评估进去。所以这种评估不是风险投资的估值，现在的评估价值不代表股权未来的价值。不同的机构、不同的评估方法，以及公司配合提供的财务资料，都决定了评估价值很难绝对客观。所以，在股权分割中，最难的就是如何确定股权的合理价值。

（三）如公司不同意、不配合评估，根据其他佐证确定

如果一方要求获得折价款，法院予以支持，但是公司又拒绝评估，法院如何确定股权价值呢？对于公司不配合司法审计、评估的，各地法院做法不同，但大体都是用可以公开获得的公司经营信息间接推定公司价值，在此基础上确定一方可以获得的折价款。如根据报税财务报表、转让股权价值确定公司股权价值，根据公司股权价值咨询报告推定公司股权价值等。

实务判例 -2 根据（2015）浙杭民终字第 121 号判决书。原告杨某与被告吴某甲离婚后，于 2013 年诉请离婚后财产纠纷。审理中，原告向法院申请评估被告在两家公司所持的股权价值及个人股权在婚后的增值及收益。法院根据申请委托评估机构进行评估，该公司出具了《关于浙江××

机械有限公司和杭州××音乐喷泉有限公司股权价值的咨询报告》。

被告认为咨询报告缺乏评估报告基本要素，如评估基准日和评估方法，评估人员没有现场勘察，对企业负债账面价值没有反映，土地使用权没有具体的估值方法，其得出的咨询价格是主观的，咨询报告不能真实反映股权客观价值。

法院认为，依照原告的申请委托评估，程序合法。被告及其父亲系两家公司的大股东，占了大部分的投资比例（即实际控制公司），但对于评估机构要求提供的相关资料，却称无法提供，其理由难以采信。对于该部分股权的价值，因受评估条件的限制（仅有原告提供及法院调取的会计报表及相关房地产资料），评估公司仅根据现有的资料出具了股权价值的咨询报告，咨询意见虽不能完全等同于评估结论，但在本案中属于更接近客观事实的证据，其证明力大于其他的证据，可以作为对本案综合考量的依据。被告在评估过程中并未利用其系两家公司股东的有利条件予以积极配合，现虽对咨询报告不予认可，却并未提交相应的反驳证据，故对其抗辩意见法院不予采纳。

这个案例说明，如果一方申请评估，公司不予配合，法院也可以根据其他证据，如咨询报告等方式推断股权价值。也许这样得出的结果是片面的，但是法院认为"证明力大于其他的证据"，予以参考。由于公司能够配合而不予配合，因此要承担法院按照"片面"的咨询报告确定股权价值的后果。

（四）评估价值和股东自认股权价值矛盾，以价值较高者为准

实务判例-3 根据（2014）东民初字第822号判决书。沈某甲、沈

某乙原系夫妻，曾签订离婚协议书一份，约定沈某乙持有的久灵公司31.4%的股权仍归其所有，沈某乙支付给沈某甲人民币368万元。二人后经法院判决离婚，但对上述股权未予处理。后沈某甲诉至法院，请求依法分割该股权。法院支持原告分割共有股权的请求，认为该31.4%的股权应由原、被告平分。审理中，原告要求获得股权分割折价款，为此，法院经全体股东表示同意后，委托相关评估机构对公司资产价值进行评估，31.4%的股权评估价值为522.7万元（也就是说一半股权的价值是261.35万元），低于双方曾约定的股权价值。沈某乙主张按评估价值支付折价款，即支付261.35万元，而不是之前离婚协议约定的368万元。

法院认为，被告作为公司股东，对于股权价值的认识应远高于原告，对股权价值的估计应承担更为严格的责任，故应支持被告在离婚协议中对股权折价款的估计。也就是说，虽然公司经过评估，但是由于被告自认的股权价值高于评估值，法院最终判决被告应按自认价值支付原告368万元的股权分割折价款。

综上，如果对于股权价值不能达成一致，法院有权要求公司接受评估。但是如果公司不积极配合评估或者不认可评估价值，法院倾向于持股一方承担更为严格的举证责任。

值得提出的是，由于股权价值判断的复杂性，受理离婚诉讼的一审法院往往会以涉及第三人利益等理由，裁决股权分割问题另行起诉、另案处理。所以在现实中，股权分割诉讼包括折价补偿，经常是在离婚之后，以离婚后财产纠纷的名义另行起诉的。

律师建议

由于信息的不对称，持股一方在离婚时会有动机使用各种手段拒绝、阻挠、影响评估机构得出趋近客观的股权价值，对此，外部人是难以发现的。那么，如何尽量打破这种信息不对称呢？根据实操经验，建议非持股一方可以考虑以下措施：

（一）谨慎确定协商的股权补偿款

例如本节的实务判例-1中，原告在签订离婚协议时，完全有时间对标的股份的市场价值进行充分了解与评估，遗憾的是她在未对股份价值进行充分评估的情况下，即匆匆与被告签订离婚协议，最后只能对自己的行为负责。建议非股东一方，如果缺乏必要的法律和财务知识，应当聘用法律、财务专业人士协助对股权价值做出专业判断。

（二）注意收集证明股权价值的资料、证据

如果不是公司股东，很难获得一手的公司经营、财务资料。建议非股东一方不要做甩手掌柜，平时利用夫妻关系，多收集公司的财务报表、报税资料和审计、评估资料（原件），收集公司的重大资产情况，如土地使用权、公司拆迁款等，以便在公司拒绝、不配合或误导评估时，可以提出该等证据作为确定股权价值的佐证。

（三）争取成为公司股东或其他内部成员

《公司法》第三十三条规定：股东有权查阅、复制财务会计报告，可

以要求查阅公司会计账簿。股东要求查阅公司会计账簿的，应当向公司提出书面请求，说明目的。公司有合理根据认为股东查阅会计账簿有不正当目的，可能损害公司合法利益的，可以拒绝提供查阅，并应当自股东提出书面请求之日起十五日内书面答复股东并说明理由。公司拒绝提供查阅的，股东可以请求人民法院要求公司提供查阅。

正如本节开始所述的案例，如果赵女士没有退出公司股权和管理岗位，公司的生产经营情况可以经由股东的知情权、高管的经营岗位之便获得。但是退出公司后，她就完全处于信息不对称的地位。所以，这里也提醒很多女性读者，相夫教子并不耽误持有公司股权，哪怕比例再小，也要积极寻求持有夫妻公司股权。这样一旦发现有婚变风险，至少可以根据股东的知情权要求获得公司的财务情况，从而有利于得出更客观的股权价值。

第四节 离婚过程中，一方擅自无偿或低价转让股权是否有效

典型案例

邱太太和邱先生结婚16年，因为感情不和，最终走上诉讼离婚的道路。邱太太要求分割婚内所有共同财产，包括婚后设立的启明公司在邱先生名下的80%股权。但是，让她大吃一惊的是，起诉时才发现，股权早在半年前就被邱先生转让给了吴先生，并且已办理完毕工商变更登记，公司法人也不再是邱先生本人。

邱太太认为，男方蓄意转移、隐匿婚内共同财产，且未经她同意处置双方共同财产，所以向法院起诉，要求认定启明公司80%的股权转让无效，撤销股权转让。吴先生答辩，受让股权时并不知道邱先生未征得妻子同意，而且他已支付了全部股权转让价款1000万元，远高于涉讼股

权对应的公司净资产。

本案中，邱先生转让的股权属于夫妻共同财产，那么在受让方不知情的情况下，股权转让是否有效呢？

实务判例

实务判例-1 根据（2013）陕民二初字第00007号判决书。艾某、张某系夫妻关系。2011年，张某与刘某先后签订两份《股权转让协议》，约定张某向刘某共计转让出资（注册资本）1160万元。协议签署后，涉讼股权变更到刘某名下，刘某分期支付了股权转让价款7600万元。2012年5月，艾某、张某以股权转让未经艾某同意为由，向陕西省高级人民法院提起诉讼，请求判令股权转让协议无效，刘某返还张某上述股权。本案分析如下：

1. 夫妻一方没有权利单方处置夫妻共有的股权

《最高人民法院关于贯彻执行〈中华人民共和国民法通则〉若干问题的意见（试行）》（以下简称《贯彻民法通则意见》）第八十九条规定[①]：

> 共同共有人对共有财产享有共同的权利，承担共同的义务。在共同共有关系存续期间，部分共有人擅自处分共有财产的，一般认定无效。

---

① 此处《贯彻民法通则意见》已于2021年1月1日起废止。

01 离婚之股权纠纷高频法律问题

《最高人民法院关于适用〈中华人民共和国婚姻法〉若干问题的解释（一）》（以下简称《婚姻法司法解释（一）》）第十七条规定[①]：

> 夫或妻非因日常生活需要对夫妻共同财产做重要处理决定，夫妻双方应当平等协商，取得一致意见。

所以，张某未经配偶同意签署股权转让协议，侵害了配偶的权利，需要承担赔偿配偶损失的法律责任。那么，因为他擅自转让而取得股权的刘某是否要归还股权呢？

2. 如果善意、有偿取得股权，股权转让有效

《贯彻民法通则意见》第八十九条又规定：

> 但第三人善意、有偿取得该财产，应当维护第三人的合法权益，对其他共有人的损失，由擅自处分共有财产的人赔偿。

《婚姻法司法解释（一）》第十七条规定[②]：

> 他人有理由相信其为夫妻双方共同意思表示的，另一方不得以不同意或不知道为由对抗善意第三人。

---

① 此处《婚姻法司法解释（一）》已于2021年1月1日废止，《婚姻法司法解释（一）》第十七条未在《民法典婚姻家庭编司法解释（一）》中有相关对应条文，但《民法典》第一千零六十二条第二款规定："夫妻对共同财产，有平等的处理权。"
② 此处《婚姻法司法解释（一）》第十七条对应《民法典》婚姻家庭编第一千零六十条，同样规定夫妻之间对一方可以实施的民事法律行为范围的限制，不得对抗善意相对人。

所以，夫妻一方处置股权的行为是否有效，取决于受让方是否属于善意取得——对未经太太同意转让股权不知情，并且支付了合理的股权对价。由于艾某、张某是夫妻，法律上彼此享有家事代理权，刘某有理由相信股权转让协议系其夫妇的共同意思表示，除非有证据证明刘某确实知道艾某不同意——比如刘某是二人近亲属，知道二人感情交恶，否则应推定其受让股权为善意。其次，刘某支付了远远高于注册资本的股权转让价款，所以其获得股权也是有偿的。所以，一审、终审法院都认定，刘某受让股权属于善意、有偿取得，张某夫妻不得以未经配偶同意主张转让无效。

3.《公司法》没有要求股东转让股权须经过配偶同意的程序

《公司法》第七十二条及《婚姻法司法解释（二）》第十六条[①]规定了股东转让股权必须征得过半数股东的同意，并未规定必须征得其配偶的同意。

综上，在婚姻期间，一方未经配偶同意转让股权，如果受让方属于刘某这种真正的买家，那么被转让的股权是追不回来的。因为法院倾向于保护善意第三人，以维护交易秩序的稳定。

实务判例-2 根据（2017）最高法民申2350号裁定书。新食派公司是在傅某和常某婚姻关系存续期间成立的，由傅某持股。2013年1月14日，傅某将公司的股权全部转让给其母亲殷某；两天后，常某向一审法院提起离婚诉讼；同年4月，常某起诉股权转让无效。

法院认为，傅某在与妻子婚姻关系恶化期间，擅自将所持公司全部

[①] 此处《婚姻法司法解释（二）》第十六条对应《民法典婚姻家庭编司法解释（一）》第七十三条，同样规定股东转让股权必须征得其他股东过半数同意。

股权转让给母亲,且无证据证明其母亲支付了股权转让对价;殷某作为傅某母亲,对婚姻关系恶化事宜应当知晓。所以,殷某不符合善意、有偿取得股权,根据《中华人民共和国民法通则》第五十八条[①]关于"恶意串通,损害第三人利益的民事行为无效"的规定,傅某将股权转让给母亲的行为侵犯了常某的夫妻财产平等处分权,法院判决转让行为无效。

离婚诉讼中,对于持股一方突击转让股权的行为,如果能够证明受让方非善意、有偿取得股权,非持股一方可以主张股权转让无效,追回股权,作为共有财产进行分割。

综上,本节开始的典型案例中,邱太太如果能够证明吴先生和邱先生恶意串通且没有支付股权转让合理对价,则该转让行为无效,可以追回股权。如果不能证明,则要承受股权转让后不再属于夫妻共同财产的后果。不过,邱太太可以主张分割吴先生已付及未付的股权转让价款。

律师建议

(一)非经营一方持有一定比例股权,获得股权转让行为的知情权

建议非经营一方尽量成为公司股东,这样即使经营一方突击对外转让股权,也需要通知其他股东,征得股东过半数同意并放弃优先购买权,非经营一方即可以利用股东知情权来阻止对方擅自处置股权。当然,如果是原有股东之间内部转让,不需要履行通知其他股东和优先购买的程序,此种情况下,只能事后证明受让股权的股东并非"善意取得"。

[①] 此处《中华人民共和国民法通则》第五十八条对应《民法典》总则编第一百五十四条:"行为人与相对人恶意串通,损害他人合法权益的民事法律行为无效。"

（二）对于擅自转让股权一方，可以在离婚诉讼中要求其少分、不分财产

《民法典》第一千零九十二条规定：

> 夫妻一方隐藏、转移、变卖、毁损、挥霍夫妻共同财产，或者伪造夫妻共同债务企图侵占另一方财产的，在离婚分割夫妻共同财产时，对该方可以少分或者不分。离婚后，另一方发现有上述行为的，可以向人民法院提起诉讼，请求再次分割夫妻共同财产。

也就是说，一方于离婚期间擅自转让股权的行为，应属变卖夫妻共同财产，非股东方可以在离婚诉讼中要求其在分割共同财产时少分或不分，或离婚后，对于事后发现的擅自转让股权行为，诉请再次分割股权或转让价款，并请求对方少分或不分。

（三）受让股权应当尽量避免被认定为非善意取得

有限责任公司具有人合性质，股权往往在熟人甚至亲属之间转让，如果在股东婚变过程中受让，如何证明自己是善意取得的呢？建议事先取得转让方配偶同意或事后获得转让方配偶追认，同时及时支付全部合理对价，以免被认定为和转让方串通，隐匿其夫妻共有财产。或者，对于有婚变之虞的股东的股权，干脆等一等再买。

第五节　婚前获得的股权，离婚时如何确定并分割婚后增值部分

典型案例

白女士和周先生是商学院的同学，二人相识后彼此欣赏。两年后，他们结婚生子，在次子6岁的时候，为了孩子的教育，白女士带着两个孩子到香港上学，留下周先生在内地继续经营公司。

由于两地分居、聚少离多，二人感情出现了裂痕，白女士又怀疑周先生婚内出轨，起诉至法院要求离婚并分割财产。虽然房子、车子是二人婚后购置，但是周先生经营的光达公司是婚前设立的，周先生持有75%的股权，另外25%的股权由合作伙伴魏先生持有。白女士和周先生结婚10年来，公司从未分红，目前公司注册资本为500万元，净资产却达到8000万元，其中最值钱的就是土地使用权，也就是公司拥有的一块

土地。白女士要求分割周先生持有的光达公司75%的股权，周先生让她先去咨询律师再提条件。

白女士找到笔者咨询：能不能分股权？《民法典》第一千零六十三条规定，一方的婚前财产为夫妻一方的个人财产。周先生持有的股权属于婚前财产，结婚后仍为个人所有，如果白、周二人没有事后约定属于夫妻共有财产，离婚是不能分割该股权的。那么，是不是说白女士对于周先生的股权就没有任何权利呢？其实不然，白女士可以主张分割该股权在婚后的收益，也就是股权在婚后的增值部分。

《民法典婚姻家庭编司法解释（一）》第二十五条规定，婚姻关系存续期间，一方以个人财产投资取得的收益属于民法典第一千零六十二条规定的"其他应当归共同所有的财产"。第二十六条规定，夫妻一方个人财产在婚后产生的收益，除孳息和自然增值外，应认定为夫妻共同财产。

股权是基于股东的出资行为获得，出资对应的分红、股权增值应当属于投资收益。股东一般参加公司管理，对公司的重要事宜进行决策，所以股权的投资收益不属于法律规定的孳息、自然增值，应当认定为夫妻共同财产，离婚时非经营方可以主张分割。

个人股权在婚后收益部分的分割，是离婚股权分割纠纷中非常复杂的问题。笔者试着探讨以下两个关键问题。

（一）净资产、未分配利润、分红，到底什么可以分

通俗而言，公司的净资产是指公司资产总额（包括股东出资和公司经营过程中获得的资产）减去负债总额的净值；某个时点，公司净资产

都可以为正值（公司有利润），也可以为负值（公司亏损）；无论正负，净资产都反映出股权的价值，最终归属于股东。但作为体现资产净额的一个数值，笔者不认为它是可以直接分割的有形资产。

未分配利润是企业未做分配的利润，它在以后的年度可继续进行分配，属于净资产的组成部分。在公司未进行分配之前，它属于公司的财产，不属于夫妻共同财产，笔者也不认为一方可以主张分割未分配利润。

分红，是通过股东会决议决定分配后，公司分配给股东的公司税后利润。一旦分红，就由公司资产转化为股东收入。公司对于股东的分红一般是现金类资产，属于投资收益，无论股权本身是不是共有财产，根据法律规定，该投资收益都是夫妻共有的，离婚时可以主张分割。

但是，如本节开始的典型案例所述，周先生股权的价值早已超过当初的出资，公司长期不分红，那么如何计算周先生所持股权的收益部分，或者说股权增值呢？

（二）如何计算股权增值部分

股权增值并非一个严谨的财务或法律术语，但是离婚诉讼时往往被一方提出分割，法院也会针对该请求进行裁判。笔者不是财务专业人士，尝试做以下分析。婚后的个人股权增值＝离婚时股权价值－结婚时股权价值，也就是需要计算婚姻期间股权到底在原值基础上增加了多少。

所以，要求分割股权增值，理论上先得知道股权原值是多少，现在价值是多少，有没有增值，这些数据属于非常专业的财务问题，需要进行专业评估，还得公司配合评估，才能得到趋近于真实的增值数字。

分割股权增值，是涉及《公司法》、评估准则的复杂问题，实务中的判决意见有多种。

实务判例

（一）认为涉及第三人（公司）利益，法院干脆不予处理

实务判例-1 根据（2015）西中民一终字第00171号判决书。关于任某主张确认其与宁某婚姻关系存续期间后者在五家公司所持有的股权增值部分为夫妻共同财产，并分割其中一半属任某所有的诉讼请求，因涉公司利益，本案不予处理。

也就是说，由于案件的复杂性及需要公司配合、涉及第三人（公司），所以法院干脆对于分割增值的诉讼请求不予处理，这种情况并非少见。

（二）证据不足、无法查明增值，法院不做认定与处理

实务判例-2 根据（2015）渝五中法民终字第04046号判决书。由于离婚当事双方提供的证据不足以证明该公司的股权结构、股权增值以及股东分取红利等情况，且当事双方对该公司资产的实际占有人存在争议，该院无法查明，故本案（对股权增值等问题）不做认定与处理。

也就是说，在这个案子中，法院也把股权增值认定这个"烫手山芋"借现有证据无法查明的正当理由给丢出去了。

（三）认可股权增值属夫妻共有，股东一方给予非股东一方补偿价款

实务判例-3 根据（2015）浙温民终字第401号判决书。在金某、

翁某离婚一案中，法院认为，金某于2011年6月转让其持有的16.81%股权系婚前获得，取得转让款840.5万元，扣减其婚前投入的个人财产237万元，共增值603.5万元。由于现有证据无法证明金某、翁某结婚前该股权的收益情况，故603.5万元均视为婚姻存续期间取得的收益，由二人予以分割，金某应向翁某支付301.75万元。

该案中法院认为，金某婚前取得的股权在婚后产生的收益系通过参与公司的经营所得，显然不属于孳息或自然增值，故婚前股权在婚后产生的收益应属于夫妻共同财产，在婚姻关系解除时应当予以分割。值得注意的是，本案起诉时股权已经转让变现，股权当前价值和结婚时原值都无法确定，法院把股权转让价款扣去金某取得股权的个人出资（成本）的差额部分认定为婚后增值，而没有刨除金某初获股权到结婚这个期间的增值（没有证据）。这种算法略显粗糙了。

（四）对于个人股权婚后增值部分，能否主张给予非股东一方折股补偿

实务判例-4 根据（2016）浙04民终2001号判决书。张某婚前投入公司的290万元出资对应股权系其婚前个人财产，该股权在其与姚某婚姻关系存续期间产生了增值，增值部分应认定为夫妻共同财产，并依法予以分割。就股权增值分割的具体方法，姚某、张某提出了不同的方案，姚某主张获得相应货币补偿，张某主张其无能力支付货币补偿，要求将相应货币补偿折算成公司股权补偿。

一审法院认为，股权价值评估的结果是对公司资产、负债情况的会计反映，股权的增值不能直接等同于持股方直接的收益，直接按照评估价值判令由张某给付姚某货币变现，而让张某单独承担增值不确定的风险不公平，所以判令张某将股权增值部分的二分之一金额折算成 7.985% 的股权支付给姚某，以折抵其应支付给姚某的货币补偿。

姚某本来想拿折价款，结果一审法院判折股补偿，不服上诉到二审法院。二审法院认为，基于公司的人合性，不宜将股权增值部分转化为股权，并将非持股的配偶一方直接确认为公司股东，而应判决由持股一方支付另一方相应折价款更为合适。二审改判张某将评估报告确定的婚前股权增值 1134.6 万元的二分之一，即 567.3 万元支付给姚某。

根据上述分析，一方在婚前取得的股权在婚后的收益、增值部分应属于夫妻共同财产。如果该增值部分全部分红且分红所得尚存在，则法院仅需分割分红即可。但在实践中，往往存在增值部分并未分配或未完全分配，尚属于公司资产的情形。司法实践中，法院一般通过评估，来确定离婚时该婚前股权在婚姻存续期间的增值，由持股一方当事人继续持股，同时根据股权增值数额以货币或折股方式计算、补偿对方。至于折价还是折股，法院具有自由裁量权。

律师建议

个人股权增值的分割，对于离婚的双方来说都有风险。对于持股且经营的一方，股权属于个人，增值是个人努力得到的，却要二人分割增值部分，心有不甘。对于非持股一方而言，要分割增值先要证明有增值存在，有可能因为公司不配合评估而难以证明。所以，从双方的角度给出建议如下：

（一）超高净值客户，建议婚前签署夫妻财产约定

有的企业股权增值部分在婚后非常可观，如果没有明确约定增值不属于夫妻共同财产，就会面临婚变分割的风险。所以，最有可能预防未来风险的方法就是签署夫妻财产约定，明确约定婚前股权在婚后的分红、收益、增值也属于个人财产。当然，如果单方面提出这样的协议未免不近人情、伤感情，所以可以委托律师团队进行协商，同时可以通过赠与财产、为对方购买大额寿险或立为家族信托受益人的方式来平衡对方利益，以顺利促成夫妻财产约定的签署。

（二）持股一方应当尽量说服法官，支持合理的补偿方案

股权的增值部分并不直接等于现金资产，如公司资产在婚后的增值主要体现为土地使用权价值、存货、应收账款等非资金类资产，这些价值只是账面价值，变动不居且并未变现，如果一方要求全部以现金的方式补偿股权增值，未免不公。所以，作为持股一方可以尽量争取协商双方能够接受的折价金额，或者争取法院支持折股补偿或部分折股、部分支付现金补偿。

有客户咨询过笔者，是否可以通过股东会决议或修改章程分红比例条款，以多给其他股东分红的方式"绕开"分割股权增值部分呢？《公司法》规定，有限责任公司按实缴比例分红，章程另有规定的适用章程规定。所以，股东之间可以自行约定不按股权比例分红。但是，如果非股东一方能够证明这种不匹配股权比例的分红方案属于股东间恶意串通、损害其夫妻共有财产，则存在分红被认定无效或被撤销的风险。而且，这个"小动作"并没有解决未分配的公司利润等股权增值被评估后分割

的问题。

所以，对于婚前有股权的一方，婚后增值的分割风险确确实实存在又容易被忽略，需要提前预防。

（三）建议非持股一方主动申请评估，以确定增值金额

股权增值的认定非常复杂，并不能仅凭外部获得的资料（如公司提交给税务部门的财务报表等）去证明。非持股一方有权申请法院对公司资产进行评估，根据评估结果确定股权价值。如果不申请评估（主要是承担费用问题），非持股一方恐怕要承担举证不利的责任。实务中，公司往往会不配合评估，法院有可能因为证据不足，不做认定，另案处理，也有可能用其他佐证来证明增值部分。

所以，本节案例中的白女士有权主张分得周先生股权婚后增值，能分多少取决于股权增值部分的评估结果。但是，增值是变动不居的，如果男方通过增加公司成本、费用，或低价处置、转移、隐匿公司财产等方式来降低公司股权估值，该怎么办呢？如何判断和应对此类风险，可以参见本章第六节的内容。

第六节　离婚时，公司的钱能不能分？对方转移公司的财产，能不能追

典型案例

最近，方先生遇到一件开心事、一件糟心事：开心事是公司厂房被确定拆迁，土地拆迁款预计补偿1亿元；糟心事是方太太正在和他闹离婚，明确提出要平分公司拆迁款。方先生提出要平分土地拆迁款，也要平分公司欠的外债，何况公司还没有拿到拆迁补偿。

佟太太最近也在和先生闹离婚，佟先生持有二人结婚后设立的丰利公司的70%股权，他人持30%股权。佟太太发现自从跟先生感情恶化后，丰利公司不断对外签署大额的《技术咨询服务协议》《广告合同》等协议，数额高达几百万元。而且，公司不断输官司，被判决承担还债或者担保责任。佟太太认为，佟先生在采用假业务、虚假诉讼的方式，恶

意转移、隐匿公司财产，人为降低公司股权价值，以达到离婚少分财产的目的。但她不是公司股东，对此也无计可施。

以上两个案例，是企业主离婚时经常遇到的情形——当事人没有意识到公司的独立性，往往把属于公司的财产、债务和夫妻共有的财产、债务混为一谈，在离婚财产分割中一并提出处理。尤其是在没有外部股东的公司中更是如此，当事人会认为公司是"夫妻店"，离婚当然要分割公司财产。

方太太能不能分割公司拆迁补偿款，要不要同时分割公司债务呢？佟太太能不能要求公司撤销大额的负债行为呢？我们看法律怎么规定，以及实务中法院会如何处理这些问题。

实务判例

（一）公司支付款项、签署合同，属于公司独立的经营行为

实务判例-1 根据（2018）京03民终9068号判决书。在夏某与张某的离婚诉讼中，夏某提出，股东张某通过七洲公司向政和公司、佳杰公司等人转账，属于隐匿、转移夫妻共同财产。张某不予认可，主张转账系七洲公司与其他公司之间的商业往来行为。法院认为，七洲公司转给政和公司等人的相关款项，夏某不能证明与夫妻共同财产有直接关系，故对于夏某主张作为夫妻共同财产不予支持。

本案因为是离婚诉讼，只能要求处理夫妻财产，而公司属于独立法人，其对外签署合同支付的费用属于公司财产，而非股东个人财产，所

以夏某要求分割公司款项没有法律依据。但是，如果款项支付确为虚假交易，则会导致公司未分配利润或股权价值的降低，间接损害非股东一方利益。那么，在离婚诉讼中不处理，非股东一方能否另外起诉，要求撤销公司转移、隐匿财产的行为呢？

（二）如果要撤销公司转移财产行为，需要有充分证据证明

实务判例-2 根据（2016）最高法民终387号裁定书。胡某与稳舰公司股东、法定代表人孙某是夫妻。2014年，稳舰公司与霖华公司签订《购销协议》，稳舰公司依照合同约定支付了2000万元货款。胡某认为，孙某利用公司法定代表人身份虚构债务，损害了其股东权益和夫妻共同财产所有人利益；青海省高级人民法院针对该协议做出的"（2014）青民二初字第60号民事调解书"是孙某为转移与胡某的夫妻共同财产而炮制的虚假诉讼，要求撤销。终审法院认为，胡某主张霖华公司与稳舰公司虚构购销业务，并未提交证据证实，故一审法院驳回撤销请求并无错误。

由于公司是独立的法人，拥有公司股权不等于直接拥有公司财产，法律保护公司财产独立性及交易的安全性，所以希望通过撤销之诉来达到追回公司财产的目的，必须有充分的证据证明公司确实存在虚假交易且侵害自己利益。作为非经营一方，这很难举证。

（三）公司未分配利润不属于夫妻共有，没分配之前不得分割

实务判例-3 根据（2016）京03民再26号判决书。一审原告要求分配夫妻二人出资注册公司在2004年至2010年的未分配利润。此案经再审发回重审后，又诉至二审。争议的关键是，一审原告要求分割公司未分配利润。终审法院认为，根据《公司法》的相关规定，有限责任公司利润分配方案应由公司董事会制定并由公司股东会表决通过。在公司未做出利润分配决议时，公司利润属于公司财产范畴，而非夫妻共同财产。在未经法定程序分割处理前，"夫妻公司"在夫妻关系存续期间经营所得资产（含未分配利润）、债权债务不属于夫妻共同财产，不可在离婚诉讼中分割。

律师建议

由于《公司法》的复杂性，很多离婚当事人难以理解"夫妻公司"的财产（包括未分配利润）不等同于夫妻共有财产，属于公司独立财产，不能直接分割，离婚双方只能分割共有的股权——但是股权价值又直接受公司财产状况影响。这种隔着公司不能直接分割其财产的制度，使得现实中存在持股一方利用种种"套路"，人为降低公司净资产的情形。如通过虚构公司运营成本、签署虚假业务合同或虚假诉讼、对外付款无法回笼、做呆坏账等方式，减少股东可分配利润，降低公司净资产，进而影响股权价值的评估结果，损害非股东一方利益；而要撤销这些"套路"行为，可能会遭遇公司独立性的阻隔。这种情况确实非常棘手，笔者代理的案子中这种情况也非少见，面对这种情况，建议您做如下考虑。

（一）非持股一方要有重大事项一票否决权

非持股一方不能做甩手太太（先生），应当积极参与公司经营，了解公司财务和业务情况，可以持有公司股权，在章程规定一定金额以上的对外业务需要全体股东一致同意，否则法定代表人承担赔偿责任。用公司治理机制来防止对方利用控制权转移公司财产。

（二）积极收集证据证明虚构公司债务，调整股权估值

在离婚过程中，如发现公司有异常对外负债行为，应该积极收集证据证明虚构业务，及时发起撤销之诉。

《中华人民共和国民事诉讼法》（以下简称《民事诉讼法》）第五十六条规定：

> ……因不能归责于本人的事由未参加诉讼，但有证据证明发生法律效力的判决、裁定、调解书的部分或者全部内容错误，损害其民事权益的，可以自知道或者应当知道其民事权益受到损害之日起六个月内，向做出该判决、裁定、调解书的人民法院提起诉讼。人民法院经审理，诉讼请求成立的，应当改变或者撤销原判决、裁定、调解书……

所以，本节案例中的佟太太如果要起诉撤销佟先生公司的"虚假诉讼"，应当在知道之日起六个月之内尽快起诉。

（三）股东一方可以拒绝分割公司财产，当然也不能分割公司债务

综上所述，本节案例中方太太要求直接分割公司土地拆迁款没有法律依据，因为土地拆迁款属于公司财产，不能直接分割，什么时候公司分红了才能要求对分红进行分割。同理，公司债务也是公司的，方先生也不能要求离婚时和太太分割公司债务。公司财产、债务和夫妻共同财产、债务不能混为一谈。

02

继承之股权纠纷高频法律问题

第一节 多个子女争着继承股权，谁来当股东

典型案例

20世纪80年代李先生开始经商，在转换多个行业、不断摸索后，于1993年成立了利达公司，其中公司88%的股权登记在他名下，弟弟持有另外12%的股权。公司成立后专注于高档五金配件的生产，为很多大型家居、建筑企业提供配件，逐渐占有当地大半市场份额。公司经营期间，李先生和妻子感情破裂离婚。李先生离婚后不久和杜女士结婚。2010年，李先生开始和孙小姐同居，并先后生下一子一女，目前都未成年。李先生第一段婚姻生有三个女儿，第二段婚姻生有一子，儿子目前是公司副总经理。

2018年6月，李先生因为身体原因去世，事发突然没有留下任何遗嘱。三个女儿要求继承利达公司的股权并接管公司，杜女士和儿子不同

意。就在这个时候，孙小姐也代表两个孩子要求继承公司股权。一时间，李先生的六个子女和杜女士，七个法定继承人陷入"争产大战"。公司人心惶惶，不知道公司将来的大股东、老板到底是谁。

李先生的家事，恐怕是未来几十年中国企业家家庭不断上演的戏码——在一代企业家没有遗嘱的情况下，利益不一致、协商不可能的多个法定继承人如何继承股权呢？

不像房子、车子、"票子"属于纯粹的物质性财产，股权兼具财产性质与人身性质，因此要确定这个问题，需要从三个层次分析。

（一）被继承人去世后，名下的股权是否属于夫妻共同财产

值得指出的是，《民法典》第一千一百五十三条规定：

> 夫妻共同所有的财产，除有约定的外，遗产分割时，应当先将共同所有的财产的一半分出为配偶所有，其余的为被继承人的遗产。

所以，股东名下股权要进行继承，首先要把属于配偶的一半份额进行分割，剩余股权才是股东可被继承的遗产。而且，配偶对于剩余股权仍然具有法定继承人的继承权利，有权和其他继承人共同参与继承。

关于股权什么情况下被认定为夫妻共同财产的问题，我们在第1章已经进行了充分分析，此处不再赘述。本节讨论的股权继承问题，都是在股权完全是个人遗产的假设前提下进行的。

（二）被继承人死亡，哪些人有权继承遗产范围内的股权，每人继承比例是多少

我国《民法典》继承编第一千一百二十七条规定，遗产按照下列顺序继承：第一顺序，配偶、子女、父母；第二顺序，兄弟姐妹、祖父母、外祖父母。继承开始后，由第一顺序继承人继承，第二顺序继承人不继承。没有第一顺序继承人继承的，由第二顺序继承人继承。第一千一百二十八条规定，被继承人的子女先于被继承人死亡的，由被继承人的子女的直系晚辈血亲代位继承。被继承人的兄弟姐妹先于被继承人死亡的，由被继承人的兄弟姐妹的子女代位继承。第一千一百二十九条规定，丧偶儿媳对公婆，丧偶女婿对岳父母，尽了主要赡养义务的，作为第一顺序继承人。第一千一百三十条规定，同一顺序继承人继承遗产的份额，一般应当均等。

股权属于股东的财产，其去世后属于其遗产；如果股东没有留下遗嘱，就按法定继承规定的上述继承人范围、顺序来继承，一般同一顺序的继承人继承股权份额应当均等，除非能够证明某一法定继承人存在不分、少分、多分的法定事由。如果股东留有有效遗嘱，对于股权财产的继承或遗赠方案做了安排，应当尊重遗嘱安排。

（三）股权资格的继承，能否通过章程进行限制

无论法定继承还是遗嘱继承，解决的都是财产的继承问题，属于家务事。但是如果遗嘱与公司章程发生冲突如何处理？公司能否通过章程或股东会决议的方式，限制股权的继承呢？这个问题，我们集中在本章第四节分析。本节我们主要分析股东去世后，在公司章程对于股东资格

继承没有限制性规定的情形下,多个法定继承人之间股权比例的确定问题。

实务判例

(一)多个法定继承人对股权一般均等继承,公司应当配合变更登记

实务判例-1 根据(2016)京03民终1927号判决书。陈某为善能公司股东,持有公司21%的股权。陈某去世后,其法定继承人为李某、梁某、陈某乙,其中陈某母亲李某放弃继承权,梁某、陈某乙要求善能公司协助办理21%的股权变更登记,善能公司以各种理由拒绝办理。《公司法》第七十五条规定:

> 自然人股东死亡后,其合法继承人可以继承股东资格;但是,公司章程另有规定的除外。

一审法院认为,因善能公司章程中未对股东资格的继承做出规定,所以股东陈某去世后,股权由其继承人继承。但令人费解的是,一审法院支持了梁某、陈某乙二人共同持有公司21%的股权,但又以二继承人未在诉讼请求中明确各自持股的比例,要求公司办理工商变更登记缺乏事实依据为由,驳回二人变更股权登记的要求。

梁某、陈某乙二人不服,提出上诉,请求判令善能公司办理工商变更登记手续。二审法院支持了上诉请求,确认二人共有涉案股权,并判善能公司配合办理股权工商变更登记,股权变更至二人名下(各占50%

涉案股权)。

分析本案，可以看出多个继承人继承股权时要考虑的法律要素。

1. 公司章程对于继承股东资格有无限制

如果公司章程有限制，造成继承权与公司章程规定的冲突，一般情况下章程规定优先。没有限制的话，继承人有权继承股权资格，公司应当积极配合变更登记至继承人名下。

2. 多个继承人继承股权，一般应当均等继承

依据是《继承法》第十三条[①]："同一顺序继承人继承遗产的份额，一般应当均等。"所以本案两个继承人各继承21%股权中的一半。

3. 继承人之一放弃的股权仍然是遗产范围，其他股东仍可以继承

本案股东母亲李某放弃了继承权，但是不等于她可继承的份额就不是遗产了，而是应该由其他继承人均等继承她放弃的遗产部分。所以，公司不能主张其他继承人对这部分股权没有继承权。

（二）多个继承人继承股权，如果遗漏部分继承人，股权变更登记认定无效

实务判例-2 根据（2014）深中法商终字第1833号判决书。曾某持有明亿通公司90%的股权。2012年12月，曾某因病去世。2013年1月，明亿通公司召开临时股东会，该次股东会形成决议：由苏某（曾某之妻）占公司60%的股权、曾某之女占公司15%的股权、曾某之子占公司15%的股权，并进行公证。2013年3月，深圳市福田公证处出具公证书，证

[①] 此处《继承法》第十三条对应《民法典》继承编第一千一百三十条："同一顺序继承人继承遗产的份额，一般应当均等。"

明曾某的遗产由苏某、曾某女儿、曾某儿子共同继承（曾某父母放弃继承份额），其中苏某占该公司60%的股权（其中45%由夫妻共同财产分割而来），女儿、儿子各占该公司15%的股权。

之后，公司依据以上股东会决议、公证书为三人办理了股权变更登记手续。但是，到了2013年6月，该公证书被依法撤销，因为它遗漏了曾某的其他法定继承人——两个未成年的非婚生子女，所以该二人各自的母亲提出了撤销申请并获支持。随后，公司小股东李某诉请撤销上述股东会决议及苏某三人的股权变更事项。

分析本案会发现，当初苏某及其子女在继承曾某股权时，通过股东会决议、公证处出具继承权公证的方式，向工商局提供了继承股权比例的依据，但是这些材料存在以下问题。

1. 股东会决议存在瑕疵

《公司法》第七十五条规定："自然人股东死亡后，其合法继承人可以继承股东资格；但是，公司章程另有规定的除外。"由于明亿通公司对于股东继承资格并无限制，所以曾某股东资格的继承问题应属于法定继承事项，也就是说，谁有权继承股东资格由法律确定，明亿通公司股东会没有职权通过决议来确定法定继承人的范围和继承份额。公司要做的事情，是核实苏某及其子女是不是曾某法定继承人，是不是还有其他的法定继承人。所以，在曾某股权继承份额尚未确定的情形下，公司召开股东会确定苏某三人股权比例并做出股权变更登记的决议，没有法律依据，被法院判决无效。

2. 股权继承权公证书存在重大瑕疵

根据《继承法》第十条[①]，作为第一顺序继承人的子女，包括婚生子女、非婚生子女、养子女和有扶养关系的继子女，也就是说，非婚生子女和婚生子女具有均等的法定继承权。公证处在出具关于股权的继承权公证书时，应该调查、核实清楚曾某所有的法定继承人。本案公证处由于疏忽，遗漏了两个非婚生子女，所以这份公证书被依法撤销。

3. 已变更的股权登记应予撤销，各子女均有继承份额

由于股东会决议被法院认定无效、公证书被撤销，所以据此做出的公司股权变更登记，法院终审和再审都判决予以撤销。

4. 曾某母亲做出的放弃继承权声明是否可以反悔

曾某母亲在儿子去世后，曾明确做出了放弃继承公司股权的声明。事后公证书被撤销，登记在儿媳和孙子女三人名下的股权也被法院撤销，这意味着股权不再是当初设想的留给儿媳妇和两个孙子女，而是这娘仨和另外两个非婚生孙子女分配曾某的45%股权。那么，此时曾某母亲是否可以反悔，撤回放弃继承声明？非婚生子女是否可以坚持这份声明的效力呢？

《最高人民法院关于贯彻执行〈中华人民共和国继承法〉若干问题的

[①] 此处《继承法》第十条对应《民法典》继承编第一千一百二十七条："遗产按照下列顺序继承：（一）第一顺序：配偶、子女、父母；（二）第二顺序：兄弟姐妹、祖父母、外祖父母。继承开始后，由第一顺序继承人继承，第二顺序继承人不继承；没有第一顺序继承人继承的，由第二顺序继承人继承。

"本编所称子女，包括婚生子女、非婚生子女、养子女和有扶养关系的继子女。

"本编所称父母，包括生父母、养父母和有扶养关系的继父母。

"本编所称兄弟姐妹，包括同父母的兄弟姐妹、同父异母或者同母异父的兄弟姐妹、养兄弟姐妹、有扶养关系的继兄弟姐妹。"

意见》第五十条①规定：

> 遗产处理前或在诉讼进行中，继承人对放弃继承反悔的，由人民法院根据其提出的具体理由，决定是否承认。遗产处理后，继承人对放弃继承反悔的，不予承认。

本案中，因为股权登记被判撤销，应当属于遗产尚未处理完毕，法院可以根据曾母提出的具体理由——比如放弃的真实意思是留给苏某母子三人，来决定是否支持放弃继承的请求。

这也给我们提了个醒，放弃继承一定要慎重，建议以书面文件写清楚放弃的前提条件、放弃的原因等，这样一旦反悔，可以主张放弃的条件未达成，有权要求撤回放弃声明。但是，一旦遗产继承完毕，反悔就无法得到法院承认了。在此笔者建议，曾母可以先确定继承份额，再把自己继承的份额赠与婚生孙子女，这样更为稳妥。

律师建议

（一）复杂家庭股权均等继承，会影响公司的人合性

创始股东去世，一般会希望自己最疼爱、最得力的子女接班，在自己身后继续经营，发展家族企业。但是，由于企业家可能缺乏《公司法》

---

① 此处《最高人民法院关于贯彻执行〈中华人民共和国继承法〉若干问题的意见》已于2021年1月1日起废止，第五十条对应《最高人民法院关于适用〈中华人民共和国民法典〉继承编的解释（一）》第三十六条："遗产处理前或者在诉讼进行中，继承人对放弃继承反悔的，由人民法院根据其提出的具体理由，决定是否承认。遗产处理后，继承人对放弃继承反悔的，不予承认。"

和《民法典》中有关继承问题的基本常识，往往没有事先通过股权生前赠与、遗嘱的方式安排妥当，导致去世后多子女继承后股权分散。如果多个子女间感情有嫌隙，尤其是复杂家庭不同配偶生育的子女继承股权后，公司很容易陷入治理危机，甚至无法正常经营。

建议企业家把风险防范前移，早做安排，通过遗嘱、赠与、股权信托的方式打破"股权继承大锅饭"，按照自己的心愿和对公司有利的原则确定股权的传承方案，以免将来身后多个子女先是陷入争夺股权大战，进而在股东会上剑拔弩张，公司陷入混乱。

（二）家庭关系复杂的，不能剥夺部分继承人的继承权

现实生活中，无论出于感情还是基于利益，股东的配偶当然希望是自己和子女继承股权，而希望排除股东其他子女参与继承。但是，除非股东提前订立遗嘱或者公司章程另有规定，否则绕不开其他子女的法定继承权，即使变更了股权也可能被撤销、重新分配。所以，建议股东的配偶应该事先和股东商定，通过订立遗嘱或生前过户股权等方式，提前打好"股权保卫战"，而不是股东去世后再做"小动作"。

（三）放弃继承须谨慎，建议委托专业人士评估

股权继承发生时，有的继承人认为股权不如房子、存款值钱，不重要，成为公司股东很麻烦，动辄轻易放弃；或者像曾某案例中，曾母放弃股权，认为可以给到自己疼爱的孙子孙女身上。事后，这些继承人如果发现股权价值很值钱，或者放弃股权的效果不能如愿，往往会反悔。但是反悔能不能被其他继承人、公司接受，存在不确定性。所以，建议继承人放

弃继承股权时，尽量谨慎做出决定并辅以其他周全措施，同时咨询专业人士对于股权价值进行专业的判断、评估，做到心中有数之后再放弃。

笔者作为私人财富专业律师，建议高净值人士在考虑传承问题时，不能仅依靠遗嘱，而应该将遗嘱作为传承顶层架构系统的其中一个工具，和公司章程、家族宪章、家族股权信托等其他工具协同使用。

第二节　股权继承后，公司股东人数超过法定 50 人或股权无人继承怎么办

典型案例

秀林公司是某上市公司的股权激励平台，股东为公司激励对象，包括公司高管和骨干。公司实行宽松的激励方式，最初公司股东登记为 45 人。最近几年，公司接连几个股东离婚，离婚股东的股权经过分割后，公司股东人数增至 48 人。

2018 年，公司技术总监叶总因病去世。他先后有两段婚姻，一共有 3 个子女。现在叶总妻子和 3 个子女要求继承叶总在秀林公司 8% 的股权。公司不反对继承股权，但是到了工商局却未能办理股权变更登记；因为公司原有股东 48 人，现在退出 1 人（叶总），增加 4 人，股东达到了 51 人，超过了有限责任公司的法定人数。各继承人谁也不想成为隐名股东，都要求登记为公司股东，因此陷入僵持，公司也不知如何是好。

实务判例

实务判例-1 根据（2017）黑民申451号裁定书。石人沟公司系石人沟水产养殖场改制而来，孙某等32人诉请法院确认其为石人沟公司股东；公司认可孙某等人向公司进行了出资，但认为如确认他们的股东身份，将导致公司股东人数超过法定50人，违反《公司法》的规定。法院认为，公司发起人超过50人是公司历史上产权制度改革中发生的问题，孙某等32人既是原养殖场职工也是公司的出资人，确认为公司股东才能保障出资人的合法权益。由于《公司法》第二十四条规定："有限责任公司由五十个以下股东出资设立。"公司股东人数要超过50人，可通过股权代持、成立有限合伙持股平台、股权托管或股权信托等方式予以解决。

现实生活中有可能由于特殊原因导致股东人数超过法定的50人，这个时候如何处理呢？实务判例-1给出了全部确认的判决。但是法院也清楚，即使判决承认股东资格，也过不了股东的工商登记这一关，所以才给出可以代持、设立股权信托的建议。这些都是变通做法，还是没有彻底解决股东资格登记问题，因为现实中即使法院判决全部确认股东资格，公司登记机构也会以超出法定股东人数而拒绝登记。

实务判例-2 根据（2017）粤0606民初11477号判决书。陈某于2010年死亡，死后遗留位于佛山市顺德区的某股份合作经济社股权。陈某生前未婚，未生育或收养子女，也没有兄弟姐妹，其父母、祖（外）父母均先于其死亡。

原告作为陈某侄子，提出老人的上述股权应当由其继承。但是，根据我国的《继承法》①，原告既不是第一顺序也不是第二顺序法定继承人，没有继承资格，老人也没有留下遗嘱将股权遗赠给他。

那么，对于属于无主遗产的股权，法律规定属于谁呢？《继承法》第三十二条②规定：

> 无人继承又无人受遗赠的遗产，归国家所有；死者生前是集体所有制组织成员的，归所在集体所有制组织所有。

被继承人陈某生前是北滘镇林头社区的村民，按照法律规定，股权应该属于该村村委会所有。如果村委会不放弃，原告作为侄子是不能继承的。本案中，被告村委会出具了《放弃继承声明》，表示放弃对案涉财产的继承，且确认陈某生前由侄子扶养以及由其处理后事的事实。法院根据《继承法》第十四条③的规定"对继承人以外的依靠被继承人扶养的缺乏劳动能力又没有生活来源的人，或者继承人以外的对被继承人扶养较多的人，可以分给他们适当的遗产"，在村委会放弃继承的情况下，支持了陈某侄子继承上述股权。

---

① 2021年1月1日起，《民法典》正式施行，《民法典》继承编取代《继承法》。
② 此处《继承法》第三十二条对应《民法典》继承编第一千一百六十条："无人继承又无人受遗赠的遗产，归国家所有，用于公益事业；死者生前是集体所有制组织成员的，归所在集体所有制组织所有。"
③ 此处《继承法》第十四条对应《民法典》第一千一百三十一条："对继承人以外的依靠被继承人扶养的人，或者继承人以外的对被继承人扶养较多的人，可以分给适当的遗产。"

律师建议

针对实务判例-1中的情况，如果因为继承导致公司股东人数超出50人，如何解决股东资格登记的问题呢？根据代理此类案件的经验，笔者提出以下建议。

（一）继承人之间可以协商转让股权或者进行股权代持安排

主流的观点是：应当由各继承人协商转让其继承份额，以使公司股东人数符合法定要求。若多个继承人不转让、不赠送、不放弃的，多个继承人宜作为一个继承共同体，取得股东资格。继承共同体推荐一个继承人为代理人，参与公司的经营管理。[①] 这样，总比搁置不处理要好。

（二）公司应该预料到这种情况，预先在章程中予以限制约定

秀林公司股东人数众多，又接连因为股东离婚增加了股东人数。这个时候，公司就应该考虑及时修改或完善公司章程，规定股东出现离职、离婚、死亡、跳槽等情况时股权的处理方式。结合本案具体情况，公司可以在章程中约定，对于股东去世的，股东之间可以按照章程约定价格或者协商价格转让股权，无人受让时，只能由一个人代表其他继承人继承股权，包括股东资格。这样，才能确保公司不会因为股东离世，搞得人数越来越多，破坏人合性。

[①] 可参阅奚晓明主编、最高人民法院民一庭编《民事审判指导与参考》，法律出版社2013年第3辑。

（三）股权信托是多股东公司解决传承问题的趋势

股权代持、转让等方案，只是解决股东人数过多无法全部登记、破坏人合性等弊端的权宜之计，本身也存在着麻烦与问题，如转让价格如何合理确定、代持招致的其他风险等。所以，对于因为股权分散导致的家族企业治理问题、登记问题，还可以考虑将股权设立信托，由信托持有公司股权，而多个继承人作为信托的受益人，通过受益人身份领取股权的分红或者股权处置的收益。信托持有股权仅作为一个股东计数，继受去世股东的所有权利和义务，信托受益人的人数则不受任何限制，进而不再受到公司股东 50 人的人数限制。同时，信托持有股权的一切表决权，可以通过信托决策机制来完成，保证维护股权继承人的利益。

针对实务判例 -2 中的情况，如果股东没有法定继承人，应该如何处理呢？

（一）没有法定继承人的股东，建议尽早订立遗嘱进行安排

由于我国的《民法典》继承编规定的继承范围和顺序比较简单，表（堂）兄弟姐妹甚至（外）孙子女都没有法定继承的权利，所以没有法定继承人的股东，应当尽早订立遗嘱，在遗嘱中对于身后股权归属进行安排，比如遗赠给表（堂）兄弟姐妹这些亲属。避免因为没有遗嘱依据，股权变成"无主遗产"，有血缘关系的亲属反而无法继承的局面。

（二）建议公司优化章程，对无主继承的股权归属进行规定

没有人继承的股权，也会使公司陷入治理困境——股东去世，又没有人继承，未来召开股东会决策相关事宜时如何表决，如何达到章程规

定的表决比例等，这些问题法律没有明确规定，需要通过公司章程加以预先明确。比如章程可以规定无人继承的股权可以进行减资，减资后的退出出资由公司提存，到一定期限还没有人主张继承的，该部分资金则可以捐赠给公益事业或赠与公司。

第三节　股东未履行出资义务，继承人能否继承股权

典型案例

彭先生生前从事创投行业，广结良师益友，很多企业家创业他都会投一些，有的是实缴出资，有的是认缴出资。其中，好友蓝总设立了一家典当公司，公司注册资本3000万元，彭先生认缴了600万元出资（实缴只有100万元），占公司20%的股权。公司成立后，蓝总因为生意上的事情和彭先生不和，二人逐渐疏远。彭先生曾经提出退出典当公司，但都被大股东蓝总以减资麻烦、转让股权没人接盘为由拒绝。2017年4月，彭先生因故去世。去世后，彭先生的妻子和女儿提出要求继承彭先生名下的20%股权。公司答复：由于彭先生没有按照公司章程约定履行后续出资义务，所以彭先生股东身份在去世后已被公司取消，该部分股权已不再存在。

由于现行《公司法》实行承诺资本制度，允许股东认缴出资，实缴的时间、金额按公司章程约定。如果股东在过世时尚未实缴完毕所有出资，或者过世前就已经违反了公司章程确定的出资义务、欠缴公司出资，那么他的继承人是否有权继承股权？继承这样的股权要承担什么样的义务呢？

实务判例

（一）被继承人未按规定和承诺时限出资，继承人仍有权利继承股东资格

实务判例-1 根据（2016）云25民终1693号判决书。2003年供水公司成立，约定杨某首次入股金额为85 217元。2004年2月，除杨某外，其他股东均按时缴纳了2003年度首次入股金。2004年4月，杨某因病去世。2004年7月，供水公司股东会做出决议：由于杨某没有按规定和承诺时限出资，其不具有供水公司股东资格，不存在股权继承问题。2008年3月，供水公司向工商局做出减资的情况说明，工商局对杨某做出自然人股东退出的变更内容。陈某三人作为杨某法定继承人，诉请法院确认其三人为供水公司股东。经过审判，两级法院都支持了原告三人的诉讼请求，判决公司确认其股东资格。

本案的焦点是，公司能否以股东没有按章程约定履行出资义务为由，否定股东继承人继承股东资格呢？

1. 公司不能因股东出资瑕疵否定股东资格

法院认为，股东取得完整无瑕疵的股东资格和股东权利，所应具备的形式要件是公司章程、股东名册、工商机关登记的记载。本案公司的

章程的第十四条规定："公司置备股东名册，股东名册是证明股东持有公司股份的充分证据，股东名册及出资见附件一"；而公司股东名册中记载有杨某。公司章程、公司股东名册具有股东权利推定的法律效力，在公司无法提供反证的情况下，应当认定杨某具有股东资格，结合公司工商登记的股东信息，足以证明杨某生前取得了公司股东资格。

那么违反股东出资义务是否构成取消股东资格的条件呢？《公司法》第二十八条规定：

> 股东应当按期足额缴纳公司章程中规定的各自所认缴的出资额。……股东不按照前款规定缴纳出资的，除应当向公司足额缴纳外，还应当向已按期足额缴纳出资的股东承担违约责任。

也就是说，股东违反出资义务的法律后果，一是应当向公司足额缴纳出资，二是向已按期足额缴纳出资的股东承担违约责任，并没有任何法律规定未经催告出资就可以取消其股东资格。

所以，公司通过股东会决议、办理减资手续取消杨某的股东资格，没有法律依据。

2. 除非章程有明确规定，公司不能限制股东资格的继承

因为公司不能以出资瑕疵为由否定杨某的股东资格，所以杨某的继承人是有权要求继承股东资格的。《公司法》第七十五条规定，自然人股东死亡后，其合法继承人可以继承股东资格；但是，公司章程另有规定的除外。也就是说，除非供水公司在杨某去世前，已在章程中明确规定了关于股东资格继承的限制条件，否则在股东去世后，不得以股东会决议或者其他文件或行为限制股东资格的继承权利。

3. 如果被继承人没有履行出资义务，分红会受到相应限制

《公司法》第三十四条规定：

> 股东按照实缴的出资比例分取红利；公司新增资本时，股东有权优先按照实缴的出资比例认缴出资。但是，全体股东约定不按照出资比例分取红利或者不按照出资比例优先认缴出资的除外。

所以，继承人继承了股权，并不意味着可以要求公司按照认缴比例来分红，公司有权按照实缴的比例来确定分红，这体现了权利、义务的对等性。当然，公司章程另有约定的除外。

（二）继承人取得股东资格后，公司有权要求履行出资义务

实务判例-2 根据（2016）沪01民终12376号判决书。杰阳公司于1994年成立，公司成立时注册资本为200万元，郑某甲认缴出资6万元。当时，公司为工商注册进行了验资，并取得《验资报告》，该报告显示郑某甲已经履行全部出资。郑某甲于1996年8月去世，其名下股权由郑某乙继承。之后，公司否认《验资报告》的真实性，诉请郑某甲的继承人、公司现股东郑某乙履行出资义务，实缴6万元出资。

本案的焦点是，继承股权后，继受股东要不要履行原股东的出资义务？如何证明原股东已经实缴出资呢？

1. 继受股东须履行所继承股权的出资义务

股权是综合的财产权利，享有权利的同时，还要承担股东的义务，

其中就包括出资的义务。《公司法》第二十八条规定，股东应当按期足额缴纳公司章程中规定的各自所认缴的出资额。继承股权意味着对股东权利和义务的整体继承，所以如果郑某甲在生前未履行出资，且已到出资期限，公司当然有权利要求郑某乙履行未完成的出资义务。

2. 继受股东不能证明原股东已实际出资的风险

值得注意的是，本案另一个焦点是郑某甲是否已实际出资。公司设立时的《验资报告》显示郑某甲实缴出资6万元，但一审法院对该《验资报告》的真实性未予采信；同时，郑某乙主张郑某甲已"出资"且用于公司运营的证据，被法院以未按当时法律规定转账到指定验资账户为由拒绝认定为"注册资金"。因此，因郑某乙未能向法院证明郑某甲实缴6万元，故一审法院认定郑某甲未履行缴纳出资的义务。

所以，对于股东认为已经实缴出资的股权，在股东去世后，有可能实缴出资的证据不被法院采信，导致后人要继承股权时，面临"再次"履行出资义务的风险。这里也提示各位读者，如果担心将来继承人和公司起争端，尽量在出资时就规范出资行为，最好能让公司出具全部实缴到位、系真实出资、不存在任何争议的书面文件，以免陷入身后争讼、逝者无法发言的尴尬局面。

律师建议

原股东去世后，继承人继承股东身份，既包括权利又包括义务。继承人如果不能很好地履行出资义务，如何保护公司和其他股东利益呢？笔者建议如下：

（一）公司章程可以约定，如果股东欠缴公司出资，公司有权限制股东资格的继承

建议公司可以提前约定，如果股东去世时欠缴公司出资，公司有权限制其继承人继承股东资格，从而排除不受欢迎的股东后人继承股权，影响公司人合性。

（二）如继承人拒绝履行出资义务，建议股东会做出限制分红或股东除名的决议

如果继承人既不表示放弃股权，也不履行出资义务，公司怎么办？其实，除了要求当事人实缴出资，在这种情况下，考虑到公司的人合性，公司可以做出限制分红或股东除名的决定。

《最高人民法院关于适用〈中华人民共和国公司法〉若干问题的规定（三）》（以下简称《公司法司法解释（三）》）第十六条规定：

> 股东未履行或者未全面履行出资义务或者抽逃出资，公司根据公司章程或者股东会决议对其利润分配请求权、新股优先认购权、剩余财产分配请求权等股东权利做出相应的合理限制，该股东请求认定该限制无效的，人民法院不予支持。

所以，在继受股东未履行出资之前，公司可以通过股东会限制其分红甚至表决权利。

《公司法司法解释（三）》第十七条规定：

有限责任公司的股东未履行出资义务或者抽逃全部出资，经公司催告缴纳或者返还，其在合理期间内仍未缴纳或者返还出资，公司以股东会决议解除该股东的股东资格，该股东请求确认该解除行为无效的，人民法院不予支持。

所以，如继受股东经催告仍不履行出资义务，除了诉请履行外，还可以通过股东会决议将其除名。不过，对于股东除名的操作，应当通过公司减资程序等方式做出。

建议把股东或继承人不履行出资，公司有权限制分红、解除股东资格的条款写入公司章程，以免股东世代更替时发生争议和诉累。

（三）如果股权尚有未履行出资，继承人可以考虑放弃继承、请求减资或转让股权

履行出资是义务，继承股权是权利，继承人可以衡量决定是否继承。毕竟继承的不光是股权的财产性权利，还有出资义务。如果继承股权后，面临的义务是缴纳出资，而作为小股东权利又得不到切实保障，这个时候放弃继承、要求公司做减资处理或者将股权转让给其他股东，也是可选方案。如果继承人放弃对股权的继承，也就无所谓对公司的出资义务了。需要提醒的是，放弃股权继承必须表示出来，沉默是不能推定放弃的。

第四节　能否预先筹划，限制不受欢迎的人继承股权

典型案例

毕太太最近有个烦恼——毕先生岁数大了，这几年身体每况愈下。毕先生创办的启东公司虽然已经交由自己的两个儿子打理，并将45%的股权平分给二人，但是公司股权还有55%在毕先生名下。毕先生在外边和一个女人长期同居，还生了三个孩子。平时给他们点生活费，毕太太也就睁一只眼闭一只眼，但是一旦毕先生去世，这三个孩子可是有资格继承公司股权的，对此毕太太就不能接受了。毕太太想让先生写个遗嘱，但是毕先生已经缠绵病榻很久，她不忍心开这个口。那么，毕太太有没有什么办法，把自己不喜欢的那三个孩子挡在公司之外呢？

这是很多企业家家庭的烦恼。一代创始人去世，有利益冲突的继承

人继承股权，彼此针尖对麦芒，一旦按照法定继承分割股权，势必会给公司的后续发展带来诸多治理难题。那么，除了遗嘱、生前赠与股权，能否通过其他法律工具，限制某些继承人继承股权呢？

实务判例

（一）公司可以通过章程规定，限制股东资格的继承

实务判例–1 某大型公司由阎先生创办，公司注册资本1亿元，公司登记出资信息为阎先生持有60%股权，郭女士20%，郭先生20%。公司下属及关联企业达十多家。

2015年6月阎先生因病去世，其子女向公司提出继承股权要求时才发现，公司章程中有"自然人股东死亡后，其合法继承人依法继承其出资额，且可转让其出资额，其合法继承人只有在经其他半数以上股东同意后方可成为公司股东"的条款。按此规定，阎先生的妻子和五个子女要想继承公司股权，需要经其他半数以上股东同意，也即需要经过股东郭女士、郭先生同意。但是，两个股东一致拒绝阎先生继承人成为公司股东。对于公司章程中对股东资格的限制，阎先生的继承人非常不理解，他们认为，公司由其父白手起家、一手创办，自古子承父业，天经地义，可想而知章程规定并不是先父的真实意思表示，章程的这条违背常理的约定，应是郭女士有预谋地抢夺公司控制权的手段，即利用章程的这条约定，巧妙地阻挠法定继承人依法继承股东资格。

由于大股东去世、公司陷入股东资格继承纠纷，公司和下属多家企业陷入治理僵局，严重影响到公司的正常经营。目前，该案还在审理中。

本案是一个非常典型的股东资格确认案件。那么，到底公司章程可不可以限制股东继承人继承股东资格呢？笔者根据法律规定分析如下。

1. 限制股东资格继承的法律依据是什么

前几节中我们经常引用一条法律规定——《公司法》第七十五条：

> 自然人股东死亡后，其合法继承人可以继承股东资格；但是，公司章程另有规定的除外。

该条规定了股东资格继承的一般原则，即自然人股东的合法继承人可以继承股东资格，同时为了维持公司的人合性，允许公司章程就此做出另外规定。这里的"合法继承人"，笔者认为应当指法定继承人，即在遗嘱有效情形下的遗嘱继承人和受遗赠人。这里的章程，笔者认为应当是在股东去世之前股东会通过的有效章程或修正案。

所以，如果阎先生继承人不能证明该章程条款违反法律强制性规定，也不能证明该章程并非阎先生生前的真实意思表示，则法院很有可能根据《公司法》第七十五条规定支持章程的效力，继承人将会面临无法继承股东资格的巨大风险。

可见，本案中二位郭姓股东"巧妙地"运用了《公司法》第七十五条规定，限制了大股东继承人对股东资格的继承（注意：不是股权的财产性权利），使得继承人无法继承股东决策权之身份性权利，进而在大股东去世后实现对公司的控制。

不管审判结果如何，它都揭示了《公司法》第七十五条规定的威力。结合前面毕太太的案例，她可以说服毕先生召开公司股东会，修改公司章程，约定任何股东去世，继承人继承股东资格须达到一定比例的其他股东同意。通过这些限定预先筹划，避免将来不受欢迎的继承人进入公司成为股东。

2. 章程只能限制股东资格的继承，不能否定股权财产性权利的继承

股权是综合性权利，有体现人身性质的权利，如表决权；也有财产性权利，如分红权、剩余财产分配权等。出于保护公司人合性的考虑，《公司法》允许章程限制股东资格的继承，不过这并不能推出可以限制继承股权财产权的结论。但是，如果不让继承人继承股东资格，也即无论在公司内部还是工商局都不能直接登记为股东，财产性权利又如何得到保护呢？

如果限制股东资格的继承，笔者建议同时在章程里明确规定股东死亡时股权的处理方式。比如，可以规定公司有权对这部分股权做减资处理，或者由其他股东收购。但是，无论减资还是其他股东收购，都应体现股权的合理价值，否则继承人有权拒绝。无论章程对股东死亡后股权如何处理有什么规定，继承人享有股权的财产性权利，是不能剥夺的。

值得注意的是，无论减资还是收购股权都有可能造成争议。还可以考虑的方案是，在章程中规定一个股东去世后，他的所有继承人只能内部商定推举一个代表，代表所有继承人继承股东资格和股权，其他继承人和该代表形成股权代持关系，股权所有的权利与义务都由这名代表代为行使。这样的规定，避免了继承人没有股东资格但享有股权财产性权利所带来的公司治理上的复杂和矛盾，法律关系更加简单、清晰，公司也不用为减资，或考虑为回购股权支付多少对价而伤脑筋。

（二）公司章程没有规定的，不能限制继承人继承股东资格

实务判例-2 根据（2014）苏审三商申字第00320号裁定书。2004年5月，富坤公司由原国有企业改制后成立，公司全体股东共32名自然人一致同意并签署了2004版章程，该章程第二十一条规定："股东如调离、辞职或其他原因离开公司，公司对其持有的股份，按公司章程中所规定的其股份原值进行回购。"

2008年4月，股东汪某因病死亡。汪某死亡后，其继承人共同办理了继承权公证，除刘某外其他继承人均放弃对股权的继承，由刘某一人继承。2013年5月，刘某诉至法院，请求判令汪某所持有的21%股权归其所有，并由富坤公司办理公司变更登记。一审法院支持刘某诉讼请求，判决公司于判决生效后30日内办理上述股权变更登记。公司不服一审判决，提起上诉，二审法院维持了原判决。

本案的焦点在于，富坤公司章程中触发股权回购的"其他原因"是否包括死亡，进而公司可以根据这一条规定按股份原值回购股权。法院认为，公司2004版章程并未将股东死亡的情形列举在内，对于"其他原因"离开公司是否包括死亡，公司亦未以任何书面形式向股东说明。该章程第二十一条系限制股东合法权利的条款，对条款文义不明之处不宜做扩大解释适用。因此，一、二审判决认定"其他原因"不包括死亡情形，确认汪某名下的富坤公司股权归其妻刘某所有并无不当。

所以，如果公司章程对股东继承资格进行限制，建议事先明确地在章程中写明股东死亡时股权如何处理，不能用"其他原因"等模糊字眼代替，否则，就有可能被法院裁定对于股东资格的限制没有明确规定，

继承人当然就能够继承股权，包括继承股东资格。

（三）除章程外，其他文件是否可以限制继承人继承股权

实务判例-3 根据（2016）粤01民终1494号判决书。羊城电子公司系原有企业改制而来。在改制过程中，由包括迟某在内的全体职工召开了改制员工大会，会上全体职工均签字表决确认的《改组实施方案》规定："员工死亡时，由公司按上年度末每股账面净资产值回购该员工所持股份，转作预留股份，股款交还其合法继承人。"

2008年7月，迟某因病去世。2008年8月，羊城电子公司决定将迟某所持有的股权保留一年，满一年后再由公司回购。迟某的儿子诉至法院，要求继承迟某在公司的股权。

一审、二审法院均认为，由于羊城电子公司是在特定历史条件下改制而来的有限责任公司，其股东的构成有其特殊性和限制性，即全部为原企业的职工，故该经由原企业全体职工表决认可的《改组实施方案》，为全体股东意志的体现，内容对公司的全体股东均具有约束力。而且，截至2008年9月，共有雷某等12名职工股东因退休从公司离职，其名下股权均由公司统一回购，再由公司分配转让给其他在职职工股东（包括迟某）。根据该规定，迟某儿子无权继承迟某股权，其股权应由公司按上年度末每股账面净资产值回购，迟某儿子仅有权继承该回购的股款。

可见，本案中法院对于《公司法》第七十五条规定做了扩充性解释，认为《改组实施方案》虽然不是章程，但属于全体股东意志的体现，其对于死亡股东股权的处理条款，应当对于全体股东包括其继承人具有法律效力。目前本案已经进入再审程序，再审法院是否支持两级法院的意

见，认为《改组实施方案》具有类似章程的效力，对全体股东均有约束力，我们将拭目以待。不过，本案说明公司治理需要一个严谨的制度，不能轻易用其他文件来代替章程约束股东继承资格，否则有可能被抗辩不符合《公司法》第七十五条规定。

律师建议

大多数民营企业属于有限责任公司，《公司法》允许这类公司根据自治原则，制定个性化公司章程，包括股东资格继承条款。很多企业家或者家族企业的股东并不擅长制定个性化的章程，往往未意识到小小章程其实存在大大的乾坤。关于章程个性化传承条款，笔者根据私人财富领域的实务经验和法律规定，做如下建议。

（一）可以规定限制股东资格继承的条款，未雨绸缪，排除不受欢迎的继受股东

具体理由与依据前文已经详述，此处不再赘述。

（二）通过公司股权"三权分离"来实现企业平稳交班

对于有限责任公司，《公司法》允许股东的股权比例、表决权比例、分红权比例分别设定，不用一一对应，只要通过股东会决议修改章程即可。假设一代股东生前就将大部分股权赠与子女，一代股东持股5%，二代股东持股95%，以此为例做如下分析。

1. 一代股东赠与股权时签署指定赠与协议

如果子女结婚，赠与子女的财产一般属于子女的婚内夫妻共同财产，但是根据《民法典》第一千零六十三条第三款的规定，遗嘱或者赠与合同中确定只归一方的财产，为夫妻一方的个人财产。所以，一代股东可以在赠与协议中明确载明股权仅赠与子女个人，与其配偶无关。这样即使股权赠与在婚后发生，赠与的股权也是子女个人的，子女婚变时不会发生分割股权风险。

2. 章程约定分红权与股权比例倒挂

可以考虑一代股东持有大比例分红权，子女持有小比例分红权，如一代股东持股5%，却拥有95%的分红权。这样公司如果有分红，则大部分分红归一代股东所有，不会成为二代分红（属于夫妻共同财产），一代股东再通过指定赠与子女的方式，将95%的分红赠与子女个人所有（此时为个人财产），有效避免成为夫妻共有财产。同时，如果二代不孝、挥霍，一代也可以不予赠与，实现对财富的控制。

3. 一代股东控制大部分的表决权

在股权传给子女初期，可以在章程中约定，虽然二代股东拥有95%股权，却只有30%甚至更少的表决权，一代股东持有5%的股权，却拥有70%甚至更多的表决权，虽然传承股权，但是还控制公司，实现对接班人"扶上马、送一程"的效果。随着子女不断成长、成熟，一代股东在之后长期的接班人培养计划中逐渐释放表决权，直到全部交出公司控制权，完成顺利接班。

以上架构设计往往是家族企业传承整体方案的组成部分，因其复杂性与系统性，建议委托专业律师团队筹划并协助执行，并咨询当地工商部门是否能够接受个性化条款的备案登记。笔者也希望在执业中不断总结经验，探讨更适合中国家族企业传承的本土化模式，满足多种传承需求与安排。

第五节　未成年子女、公务员、外国人能否继承股权，成为公司股东

典型案例

阮先生是改革开放后第一批下海经商的企业家，经过几十年奋斗，建立了大型连锁商业集团泰亨公司。2017年阮先生病逝，他的身后事却让人颇费思量。阮先生一生婚姻波折，共结了三次婚。第一次婚姻留有一女，早已移民澳大利亚；第二次婚姻生有一子，是当地政府的公务人员；第三次婚姻生了一对双胞胎女儿，阮先生去世时她们都还不到12岁。阮先生去世前两年，已经和第三任妻子宋某离婚。

阮先生生前持有泰亨公司90%的股权，一直是高管团队帮助其管理，所有子女都没有参与公司经营，公司净资产已达1亿元。阮先生去世后，三房子女陷入了股权争夺大战，彼此指责对方是"限制行为能力人"、

"外国人""吃官粮的",没有资格继承股权。

对于这么复杂的子女构成,到底阮先生的子女会不会因为特殊的身份而不能继承股权呢?

实务判例

(一)未成年人有权继承股权,由法定代理人代为行使

实务判例–1 根据(2015)沪一中民四(商)终字第915号判决书。上海八维公司股东饶某甲因故死亡,公司章程未另有规定,其股权由其合法继承人继承,因饶某甲之子饶某乙系未成年人,故决定其继承份额由法定监护人刘某代为领取、保管。之后,公司的大部分股东同意将所持公司股权转让给赣州八维公司,刘某作为饶某乙法定监护人,决定代饶某乙转让股权。在办理工商变更登记时,工商局以无法判断刘某代饶某乙转让股权是否为未成年人利益做出,要求提供相关的法院裁判文书。刘某只好提起诉讼,请求法院确认其有权代理饶某乙办理转让股权变更手续及领取股权转让款。

我国法律对于公司股东年龄并无强制性规定,在公司章程没有限制的情况下,未成年人是股东法定继承人或遗嘱继承人的话,有权继承股权。

但是继承股权后,由于继承人是未成年人,属于法律上"限制行为能力人"或"无行为能力人",其行使股东权利、履行股东义务均需要借助其法定监护人。根据我国法律规定,未成年人的监护人是其父母。所以,只要其父母一方还在,他的其他亲属,比如(外)祖父母就不能主

张对该未成年人的监护权,所以也不能代为处理股权事宜(除非监护人委托)。这就造成了很多现实冲突——担心孙子继承大笔股权后,儿媳妇滥用监护人权利处置股权损害孙子的利益,或者造成公司治理僵局。

这样的矛盾只能等待其充分暴露,然后探索一条适合中国企业家家庭未成年人继承股权的委托之路,比如尽早设立股权信托,把家族股权装入信托,就不用担心股东去世后年幼继承人的股权财富风险。

(二)公务员因身份限制,不能成为工商登记载明的股东

实务判例-2　根据(2011)沪二中民四(商)终字第781号判决书。李某为恒盈公司的股东,他去世后四个法定继承人对于继承股权发生争议,其中焦点问题是妻子吴某身为一名公职人员(在职法官),能否因为法定继承成为公司变更登记的股东?

法院认为,吴某作为李某的法定继承人,本应继承股东资格,按《公司法》的规定对恒盈公司的经营享有股东权利。但其现为公务员及法官身份,《中华人民共和国公务员法》(以下简称《公务员法》)第五十九条第(十六)项和《中华人民共和国法官法》(以下简称《法官法》)均规定了公务员必须遵守纪律,不得从事或者参与营利性活动,在企业或者其他营利性组织中兼任职务。所谓营利性活动,即指公务员参与的活动是以营利为目的,且进行收入分配。因此,吴某以公务员身份参与恒盈公司经营为《公务员法》和《法官法》所禁止,吴某诉请欲成为有公示效力的工商登记股东,与二部法律的相关规定冲突,法院不予支持,吴某可通过其他途径实现其财产权。

从本案可以看出,如果继承人本身为国家公务人员,受《公务员法》

等法律限制，虽然有继承资格，但是直接登记为公司股东存在实质性障碍。笔者认为，《公务员法》限制公务员从事营利行为，是从廉政目的出发，并不能剥夺公务人员的继承权利。所以，正如法院所言，当事人可以用其他途径解决。

本节案例中，阮先生去世，他的儿子因为是公务员身份存在登记障碍，可以让其他继承人或自己的配偶代持该部分股权来变通实现对股权的继承，只要不实际参加公司经营、担任公司职务，笔者认为没有实质违反《公务员法》的规定。值得注意的是，《领导干部报告个人有关事项规定》要求报告本人（一般包括县处级副职以上干部）、配偶、共同生活的子女在国（境）外的投资情况，所以配偶代持股权，会涉及申报股权投资事宜。

（三）外国人可以继承股东资格，且不会改变公司内资企业性质

实务判例-3 根据（2009）沪一中民五（商）终字第7号判决书。维克德公司系2002年成立的内资有限责任公司。2005年7月，维克德公司修改章程，股东变更为金某和薛某，金某出资90万元，薛某出资10万元。金某甲、金某乙分别系金某的妻子、女儿。金某一家原为中国国籍，2006年2月加入德国国籍。2007年7月30日，金某在德国死亡。金某甲母女向薛某提出要求继承公司股权，遭到拒绝。

法院认为，金某甲母女为金某合法继承人，公司章程对股东资格的继承并未另做约定，故两人有权继承公司股权及股东资格，而无须公司过半数股东同意。

值得注意的是，本案股权继承人均是外国国籍，继承股权达到90%，继承后会不会改变公司的内资企业性质呢？如果改变，不光股东变更事项需要国家外商投资管理部门批准，而且一旦根据《外商投资产业指导目录》规定，公司从事的营业范围是禁止或限制外商投资的，就会导致外国籍继承人无法登记为继受股东。

根据《关于外国投资者并购境内企业的规定》（2009年）第五十五条规定："境内公司的自然人股东变更国籍的，不改变该公司的企业性质"，另根据《国家外汇管理局综合司关于取得境外永久居留权的中国自然人作为外商投资企业外方出资者有关问题的批复》（国家外汇管理局综合司汇综复〔2005〕64号），中国公民在取得境外永久居留权前在境内投资举办的企业，不享受外商投资企业待遇。据此，二审法院认为金氏母女是外国国籍，维克德公司是内资公司，但这并不影响金氏母女依法继承股东资格。她们因继承取得公司股东资格，并未改变该公司注册资金来源地，该公司的性质仍为内资公司，故无须国家外商投资管理部门批准。二审法院判决维克德公司在判决生效之日起三十日内为两上诉人办理股东变更登记。该案已经执行完毕。

律师建议

对于复杂家庭，尤其涉及公务员、外籍继承人、未成年继承人，作为一个大家庭的家长，企业家应当全盘规划，避免将来因为继承人的特殊身份问题，导致不能按照自己的心愿传承股权。当然每个家庭情况不同，股权传承方案的制定也不尽相同。比如，本节案例中阮先生的股权，无论是公务员儿子还是已加入外国国籍的女儿，抑或是未成年的双胞胎孩子，都没有能力或资格进入企业接班，即使解决了股权继承的问题，还是没有解决接班人的问题。作为私人财富专业律师，我认为需要企业家的智慧及专业人士的襄助，来制定股权传承的顶层方案，如考虑股权激励计划、股权信托、家族宪章等系统工具和措施。

第六节　继承人是否有权要求继承股权增值部分和分红

典型案例

王先生是益明公司的股东，持有公司30%的股权。王先生去世后，他的妻子和父母放弃了对股权的继承，由他的独子小王一个人继承这30%的股权。小王在与公司交涉办理股权变更登记过程中，发现公司经营过程中一直没有分红，现在公司有未分配利润3000万元。小王提出，除了继承父亲股权，还要分割所继承股权对应的利润部分，遭到了公司的拒绝。那么小王能要求按继承比例分割公司未分配利润吗？

实务判例

（一）股权增值部分属于公司独立财产，配偶、继承人均不能要求直接分割

实务判例-1 根据（2014）苏审三民申字第00934号裁定书。李某是威克公司股东，李某去世后，其三名子女与再婚妻子冯某发生继承纠纷。其中，冯某主张分割涉案股权的增值部分。冯某认为，股权增值并非法律规定属于个人财产的"孳息或自然增值"，而是李某担任公司董事长期间经营管理的成果，属法定夫妻共同财产；所以，自李某与冯某结婚至其死亡期间，李某名下个人股权对应的增值部分应该作为夫妻共同财产分割。

本案的焦点是，股权增值部分能否在股东死亡后以属于夫妻共同财产为由，要求进行分割呢？二审法院认为，股东出资构成公司独立的财产权，公司经营带来的股权增值不能直接归属股东。基于增值属于公司独立财产的理由，法院拒绝了冯某以属于夫妻共同财产为由分割股权增值部分的要求。本书第1章第五节讨论了离婚时股权增值是否可以分割，实务中法院判决观点并不一致。那么股东死亡时，婚前获得股权的婚内增值部分能否主张属于"投资收益"而要求作为夫妻财产分割呢？本案终审法院给出了否定的答案。

李某的法定继承人能否要求继承股权的增值部分呢？答案也是否定的，因为继承人一旦继承死亡股东的股权，其股东权利义务与原股东相同，股权的增值通过股东行使分红权、剩余财产分配权、转让股权等方式予以实现，而不能在继承案件中要求分割属于公司财产的股权增值部分。

（二）继承人不能要求继承公司未分配利润

分红和未分配利润是不同的概念。即使公司当年有利润，也可以决定不分红，而投入企业生产经营，或者留待以后年度分配，这种留存利润叫作未分配利润，属于公司的所有者权益（一般情况下就是净资产），仍然属于公司独立财产范畴。

也就是说，只有公司对股东实际进行的分红，才属于股东个人收入和财产。在股东去世时，如公司已经进行分红但尚未实际支付，该部分分红也属于其遗产，继承人可以要求公司支付；只要公司没有进行分红，未分配利润仍然是公司财产，股东继承人不能直接要求继承股权对应的未分配利润，因为分不分红，继承人说了不算，而是由公司股东会决定。

（三）不显名继承人不能要求公司直接分配分红

实务判例-2 根据（2018）粤06民终1881号判决书。梁某2006年12月去世，生前享有湖涌公司1股的原始股，未对上述股权订立遗嘱。梁有三个儿子，分别为简某甲、简某乙、简某丙及三个女儿。公司章程规定：股权人身故后股权流转仅可在具有本村户口的亲属间整股流转。梁某六位法定继承人在《股权继承审批表》上签名，声明梁某的1股原始股由简某甲继承，其他五人自愿放弃对该遗产的继承权。简某乙提供证据证明，六人办理该手续及声明仅为符合公司章程的规定，事实上该六人协商一致共同约定：梁某的股权由三个儿子简某甲、简某乙、简某丙各自继承三分之一，并委托简某甲一人持有，且简某甲每年收到股权分红后，将该分红款分为三份，并支付给简某乙、简某丙；三位女儿放弃各自的继承权。事后，由于简某甲未按约定支付分红，简某乙提出起诉。经过审判，法院确认简某乙对登记于简某甲名下的原属于梁某的股权享有三分之一的继承权，并且判令简某甲向简某乙支付2016年分红款。

分析以上案例可以看出，由于公司章程对于股权资格继承有明确限制——整股继承、不拆分继承，所以梁某的六个法定继承人，三个放弃继承，另外三个推选简某甲为代表继承股权，也就是三兄弟之间对继承的股权形成了代持关系，但是没有签署代持协议。

那么，简某甲如果不履行约定，其余两个兄弟能否直接向公司主张属于自己的分红呢？答案是不能，因为登记在公司的股东是简某甲，公司只能给股东分红。至于简某甲获得分红是不是按约定转给其他兄弟，属于三兄弟之间的事情。如果简某甲不支付分红，简某乙、简某丙也只能起诉简某甲，不能起诉公司。本案中，虽然当事人之间没有签署代持协议，但是法院根据其他证据佐证推定存在代持关系。然而，如果简某乙未能提出其他佐证来抗辩《股权继承审批表》的效力，则可能面临败诉风险。所以笔者建议，即使是亲兄弟，在重大利益分配面前还是要白纸黑字留下正式的代持协议，以免发生纷争时面临举证不利的被动局面。

律师建议

股权继承是个非常复杂的专业问题，相关法律问题理解起来也比较抽象和困难，笔者尝试做以下建议。

（一）理解继承股权不等于继承公司资产

很多人误以为持有股权就可以要求分配公司利润或增值，甚至可以分配公司土地补偿款、土地转让价款等。由于股权的特殊性，继承股权并不等于直接继承股权对应的公司资产。公司的财产是公司的，拥有股权不等于直接拥有公司财产，这个概念很多人难以理解，需要在法律关系的逻辑上理清思路。

（二）可以通过转让股权的方式实现所继承股权价值

有限公司是人合与资合兼具的经济组织，股东去世后，继承人作为新股东未必受到其他原有股东欢迎。如果继承的不是控股比例的股权，与其作为小股东持有股权、等待分红，继承人不如考虑与其他股东协商，按照一定的标准回购股权，变现后退出公司，及时实现继承股权的价值。

（三）通过代持人获得分红并非长久之计

如果继承人之间安排股权代持，有可能会因为代持人背信、离婚、继承、债务等，导致委托其代持的股权发生问题，所以代持关系的建立必须事先考虑这些风险并有所应对。但是，代持关系毕竟是一种不稳定的法律关系，当事人可以协商由一个继承人收购其他继承人的股权，其他人拿钱退出，而非股权代持。这样的法律关系更加清晰、简单，不容易发生争议。

03

代持之股权纠纷高频法律问题

第一节　股权让别人代持，有没有法律效力

典型案例

2005年3月，李晓、赵普与东方公司签署《股权代持协议》，约定李晓、赵普作为实际出资人，委托东方公司代持股权，以东方公司名义与张继合资设立万海公司，同时确认东方公司代李晓、赵普各持有万海公司15%的股权；二位实际出资人按约将出资款交给东方公司，由其代为出资。2017年，由于东方公司股东定居国外，公司长期歇业不报税被吊销。李晓、赵普二人只好直接找到万海公司，要求支付东方公司的分红，并配合将东方公司名下的股权分别变更登记到二人名下。董事长张继和万海公司认为《股权代持协议》与万海公司无关，拒绝了二人的要求。

那么，股权代持关系到底能否受到法律保护？在遇到李晓、赵普这

样尴尬的局面时，如何主张股权，保护自己的利益呢？以下我们结合实务审判来分析。

实务判例

实务判例-1 根据（2014）浙湖商终字第142号判决书。石化公司由股东杨某与供销社共同成立。2001年7月，杨某与陆某签订了《股权转让协议书》，约定杨某将其在石化公司的482 650元股本金（对应股权3.5%）转让给陆某所有，但不办理工商登记。协议签署之后，陆某陆续支付了股权转让对价款。2002年1月3日，石化公司召开股东会并决议：同意杨某将其在石化公司的部分股本金转让给陆某，股东的权利和义务从股权转让之日起由陆某享受和承担，但不办理工商注册登记，如需变更登记，双方股东另做决议。该股东会决议上，另一股东供销社盖章确认。

2007年1月，杨某病故。2007年1月，陆某与其继承人杨某花签订了《股权转让确认书》，杨某花确认杨某向陆某转让股权，约定股权不办理工商登记，石化公司分得的利润、红利及其他利益，先由杨某花代为领取后交给陆某，否则陆某有权要求为其办理股权转让工商登记。2013年10月21日，供销社出具书面意见，同意陆某由隐名股东登记为公司股东。嗣后，因石化公司未予办理，陆某请求判令石化公司变更其为股东，签发出资证明书，将其记载于股东名册及公司章程并办理登记。

本案有两个焦点，陆某能否要求公司确认其隐名股东地位并给予分红？陆某能否要求公司将其变更登记为公司股东呢？

1. 隐名股东、实际出资人的权利受法律保护

本案中,陆某通过提供《股权转让协议书》《股权转让确认书》及股东会决议等证据,形成了她与杨某及继承人杨某花之间有代持股权合意的证据链,同时也举证实际支付了股权对价,即实际出资。

《公司法司法解释(三)》第二十四条规定:

> 有限责任公司的实际出资人与名义出资人订立合同,约定由实际出资人出资并享有投资权益,以名义出资人为名义股东,实际出资人与名义股东对该合同效力发生争议的,如无合同法第五十二条规定的情形[①],人民法院应当认定该合同有效。
>
> 前款规定的实际出资人与名义股东因投资权益的归属发生争议,实际出资人以其实际履行了出资义务为由向名义股东主张权利的,人民法院应予支持。名义股东以公司股东名册记载、公司登记机关登记为由否认实际出资人权利的,人民法院不予支持。

[①] 《合同法》第五十二条规定:"有下列情形之一的,合同无效:(一)一方以欺诈、胁迫的手段订立合同,损害国家利益;(二)恶意串通,损害国家、集体或者第三人利益;(三)以合法形式掩盖非法目的;(四)损害社会公共利益;(五)违反法律、行政法规的强制性规定。"此条在《民法典》中被删除。
(1)上述条文中第一项关于欺诈、胁迫的表述变更为《民法典》第一百四十八条"一方以欺诈手段,使对方在违背真实意思的情况下实施的民事法律行为,受欺诈方有权请求人民法院或者仲裁机构予以撤销",以及第一百五十条"一方或者第三人以胁迫手段,使对方在违背真实意思的情况下实施的民事法律行为,受胁迫方有权请求人民法院或者仲裁机构予以撤销"。
(2)上述条文中第二项关于恶意串通的表述变更为《民法典》第一百五十四条:"行为人与相对人恶意串通,损害他人合法权益的民事法律行为无效。"
(3)上述条文中第四、五项关于损害社会公共利益、违反法律、行政法规的强制性规定的表述变更为《民法典》第一百五十三条:"违反法律、行政法规的强制性规定的民事法律行为无效。但是,该强制性规定不导致该民事法律行为无效的除外。违背公序良俗的民事法律行为无效。"

也就是说，只要当事人能够证明股权代持协议关系存在，法律即认可股权代持效力，保护隐名股东的投资权益；代持人不能以隐名股东没有显名为由否认其实际出资的权利。

值得注意的是，笔者理解隐名股东的权利主要靠名义股东配合行使，代持协议仅能约束当事人，没有对外的效力。所以前述案例中李晓、赵普向公司直接要求分红，没有法律、章程依据，公司可以拒绝。二人应该督促代持人东方公司积极行使权利，将分红转交二人。但是，鉴于东方公司已被吊销，继续代持显然不稳妥，二人最好的选择是通过法律程序显名为公司登记股东。

2. 隐名股东要显名，须经其他股东过半数同意

但是，由于有限责任公司具有人合性、股东登记具有公示效力，隐名股东一旦显名，则意味着行使全部的股东权利，包括参与公司经营、决策，如果公司现有股东不欢迎隐名股东进入公司怎么办呢？

《公司法司法解释（三）》第二十四条规定：

实际出资人未经公司其他股东半数以上同意，请求公司变更股东、签发出资证明书、记载于股东名册、记载于公司章程并办理公司登记机关登记的，人民法院不予支持。

也就是说，作为隐名股东享有的不是完整的股东权利，法律保护实际出资人权利，但是登记为股东、参与公司股东会进行表决、要求公司分红等权利，需要通过"代言人"即名义股东代为行使；要想"扶正"，需要公司其他股东的同意。

在实务判例-1中，由于公司现有股东供销社已于2013年书面同意陆某显名，根据《股权转让确认书》约定，由于杨某花违约，其要承担配合将股权登记到陆某名下的义务。法院认为这些已经证明供销社、杨某花同意办理工商变更登记，不必拘泥于其他股东同意的形式，视为同意股东人数超过二分之一，判决公司为陆某办理变更登记。

所以，能否显名，取决于是否有证据证明其他股东过半数以上同意隐名股东登记为公司股东。这个在现实中还是有不确定性的。

实务判例-2 根据（2016）浙民再117号判决书。2007年9月9日，王某（乙方）与银河财务公司（甲方）签署《股权代持协议》，约定甲方代乙方持有华西证券公司法人股权20万股，乙方享有甲方名下华西证券公司法人股权20万股的一切权利义务。王某认为银河财务公司代持其股份，却不将代持股份取得的利润转交，请求法院确认该股权代持协议有效。

值得注意的是，诉争股权所在公司在双方签署《股权代持协议》后上市，目前是一家上市公司。审判法院认为，应依据《证券公司监督管理条例》（以下简称《条例》）第十四条规定：

> 未经国务院证券监督管理机构批准，任何单位或者个人不得委托他人或者接受他人委托持有或者管理证券公司的股权。

《股权代持协议》虽然签订于《条例》施行之前，但该协议约定的事项是王某委托银河财务公司代持华西证券公司的股权，而银河财务公司直至2012年才成为华西证券公司的登记股东，此时《条例》早已施行，

故其适用于本案《股权代持协议》。《中华人民共和国合同法》(以下简称《合同法》)第四十四条[①]又规定:

> 依法成立的合同,自成立时生效。法律、行政法规规定应当办理批准、登记等手续生效的,依照其规定。

结合《合同法》第四十四条和《条例》的上述规定,本案《股权代持协议》虽然成立,但因未经过国务院证券监督管理机构的批准,故王某要求确认本案《股权代持协议》有效的请求不能得到支持。

实务判例-3 根据(2017)最高法民终529号裁定书。2011年11月3日,天策公司与伟杰公司签订《信托持股协议》,协议约定:鉴于委托人天策公司拥有正德人寿保险股份有限公司2亿股的股份(占20%)的实益权利,现通过信托的方式委托受托人伟杰公司持股,受托人伟杰公司同意接受委托人的委托。2012年12月,伟杰公司股份增至4亿股、股份比例20%。2014年10月,天策公司向伟杰公司发出《关于终止信托的通知》,要求伟杰公司依据《信托持股协议》终止信托,将股份过户到天策公司名下。之后,天策公司向法院诉请支持以上请求。

法院认为,天策公司、伟杰公司签订的《信托持股协议》的内容,明显违反中国保险监督管理委员会制定的《保险公司股权管理办法》第

[①] 此处《合同法》第四十四条对应《民法典》合同编第五百零二条:"依法成立的合同,自成立时生效。但是法律另有规定或者当事人另有约定的除外。依照法律、行政法规的规定,合同应当办理批准等手续的,依照其规定。未办理批准等手续影响合同生效的,不影响合同中履行报批等义务条款以及相关条款的效力。应当办理申请批准等手续的当事人未履行义务的,对方可以请求其承担违反该义务的责任。依照法律、行政法规的规定,合同的变更、转让、解除等情形应当办理批准等手续的,适用前款规定。"

八条关于"任何单位或者个人不得委托他人或者接受他人委托持有保险公司的股权"的规定。尽管《保险公司股权管理办法》在法律规范的效力位阶上属于部门规章,并非法律、行政法规,但该管理办法关于禁止代持保险公司股权的规定与《中华人民共和国保险法》(以下简称《保险法》)的立法目的一致,该内容不与更高层级的相关法律、行政法规的规定相抵触,也未与具有同层级效力的其他规范相冲突,因此《保险公司股权管理办法》关于禁止代持保险公司股权的规定具有实质上的正当性与合法性。如果允许隐名持有保险公司股权,将使真正的保险公司投资人游离于国家有关职能部门的监管之外,如此势必加大保险公司的经营风险,妨害保险行业的健康有序发展。加之由于保险行业涉及众多不特定被保险人的切身利益,保险公司这种潜在的经营风险在一定情况下还将危及金融秩序和社会稳定,进而直接损害社会公共利益。综上可见,违反中国保险监督管理委员会《保险公司股权管理办法》有关禁止代持保险公司股权规定的行为,将出现破坏国家金融管理秩序、损害包括众多保险法律关系主体在内的社会公共利益的后果。根据《合同法》第五十二条规定,损害社会公共利益的合同无效[①],所以天策公司、伟杰公司之间签订的《信托持股协议》应认定为无效,天策公司要求将4亿股股份过户至其名下的诉讼请求依法不能得到支持。

综合实务判例-2、实务判例-3,对于代持协议的效力我们应当注意

---

① 此处《合同法》第五十二条对应《民法典》总则编第一百五十三条第一款:"违反法律、行政法规的强制性规定的民事法律行为无效。但是,该强制性规定不导致该民事法律行为无效的除外。"即便《民法典》生效后,《合同法》第五十二条不再有效,但本案中《信托持股协议》的签订也会因违反了《保险公司股权管理办法》的强制性规定而被认定无效。

以下问题。

1. 违反国家法律法规、监管政策的代持，协议效力存在不被认可的风险

即使是当事人真实意思表示，如果股权、股份代持协议存在违反国家监管规定或者损害公共利益等情况，也可能面临协议被认定无效的后果。如果认定无效，投资人的实际出资人地位与显名的资格，都将失去保障。现实生活中，存在各种股权代持安排，有目的合理合法的，也有不合法、打"擦边球"想要绕过监管规定的。对于后者，一旦发生当事人之间的争议（包括代持人离婚、死亡的情形下，和代持人家庭成员的争议），存在因为代持目的不合法而被认定无效，失去股权的巨大风险。

2. 隐名股东实际投入的投资款如何追回

《合同法》第五十八条①规定：

> 合同无效或者被撤销后，因该合同取得的财产，应当予以返还；不能返还或者没有必要返还的，应当折价补偿。有过错的一方应当赔偿对方因此所受到的损失，双方都有过错的，应当各自承担相应的责任。

所以，股权代持协议认定无效，投资人失去了股权，但可以要求对方返还当初的实际出资金额，同时要求对方承担赔偿责任；如果对方无力

---

① 此处《合同法》第五十八条对应《民法典》总则编第一百五十七条："民事法律行为无效、被撤销或者确定不发生效力后，行为人因该行为取得的财产，应当予以返还；不能返还或者没有必要返还的，应当折价补偿。有过错的一方应当赔偿对方由此所受到的损失；各方都有过错的，应当各自承担相应的责任。法律另有规定的，依照其规定。"

支付，可以协商通过对方以股权抵债方式获得股权，即通过受让股权这种变通的方式获得股东身份。如果对方不同意转让，只能通过诉讼要求对方返还财产、赔偿损失，此时能否通过执行获得股权，存在不确定性。

律师建议

（一）签署股权代持协议，先要了解是否违反法律规定和监管要求

很多企业家积累了一定财富后，开始投资各种股权项目，因为种种原因不想显名。建议在委托股权代持前，一定要咨询专业人士，该代持行为是否违反法律规定或监管规定。一旦被认定无效，不仅会失去股权，还会错过当初的投资机会，面临诉累和诉讼成本，承担的是多重损失。

（二）建议在代持协议中约定无效处理条款

建议在协议里约定一个兜底条款：一旦协议被认定无效，委托人失去股权的情形下，代持人应当支付给委托人出资本金及代持期间未支付的分红或增值部分，或者代持人有义务转让涉案股权至委托人（或指定第三人）名下，办理变更登记手续，以当初实际出资折抵股权转让对价款。通过这样的防范性条款，实现预防代持人以协议无效为由侵吞股权的风险。

第二节　夫妻一方代持第三人的股权，离婚时是否会分割

典型案例

曹女士自己经营医美产品，赶上了医美发展的大好形势，没几年就成了当地著名的医美产品、耗材生产商。但是曹女士和先生感情不和，担心自己一旦离婚，对方会提出分股权，所以把公司98%的股权都登记在弟弟小曹名下，家里人也都知道弟弟是名义上的股东，并不参与经营。相安无事若干年。2017年，弟弟和弟媳闹离婚，弟媳提出要么给500万元分手费，要么分割小曹名下的98%股权。曹女士和弟媳交涉，弟媳干脆向法院提出离婚，要求分割夫妻共同财产，包括小曹名下的股权。曹女士也作为第三人向法院提出异议。

那么，法院到底支持曹女士还是弟媳的主张呢？我们来分析一下，

当代持人离婚时，代持的股权面临的问题。

实务判例

实务判例–1 根据（2015）浙民申字第 2488 号裁定书。金某与翁某系夫妻。二人离婚后，翁某起诉要求分割夫妻共同财产——金某转让人人酒店股权所得收益。金某提出，其名下的 16.81% 股权是代母亲潘某持有，自己只是名义股东，理由如下：自己没有向酒店出资，所有的出资款均来源于潘某，金某未参与酒店任何重大决策和一般决策，未参与任何经营管理工作，也未在人人酒店历次变更登记、增资的工商登记材料上亲笔签字，未获得酒店分红。

对于金某主张股权不是自己财产的理由，审判法院一一反驳：金某虽主张其系代母亲潘某持股，但在无代持股权书面协议等证据佐证情况下，即使金某注资的款项来源于其母亲潘某，也不能据此认定金某仅系代持股权的事实。此外，金某是否参与酒店的日常经营，并不影响其股东身份的认定。

分析本案的法律要点如下。

1. 亲属之间代持关系，举证责任更为严格

根据"谁主张、谁举证"的审判原则，金某如果主张股权属于代持，必须提出充分的证据，资金来源、是否参与公司经营并不构成证明母子间存在代持关系的直接证据。因为二人是母子关系，资金来源于母亲不排除是赠与，不能据以认为是代持股权的出资。

所以，由于金某举证不力，法院判决将金某转让人人酒店 16.81%

股权的对价 840.5 万元扣除其婚前投入的个人财产 237 万元后，将余款（婚后金某个人股权的投资收益）603.5 万元作为夫妻共同财产予以分割。

《公司法》第三十二条规定：

> 公司应当将股东的姓名或者名称向公司登记机关登记；登记事项发生变更的，应当办理变更登记。未经登记或者变更登记的，不得对抗第三人。

也就是说，股权登记信息具有公示效力，外部善意第三人对此产生合理信赖受法律保护。所以在认定股权代持关系上，没有非常直接、确凿的证据，应注重外观主义原则，以工商登记的股权信息为准。所以对于金某而言，最大的不利是基于母子关系，承担了更为严格的证明责任。如果当初他让翁某出具一个知情函——知道其名下股权属于代母亲持有，不会对此提出任何权利主张，就不会这么被动了。

2. 离婚后可以再提出分割财产吗

根据《婚姻法》第四十七条规定，离婚后，一方发现另一方有隐藏、转移、变卖、毁损夫妻共同财产行为的，可以向人民法院提起诉讼，请求再次分割夫妻共同财产[①]。根据《婚姻法司法解释（二）》第九条规定，男女双方协议离婚后一年内就财产分割问题反悔，请求变更或者撤销财

[①] 此处《婚姻法》第四十七条对应《民法典》婚姻家庭编第一千零九十二条：“夫妻一方隐藏、转移、变卖、毁损、挥霍夫妻共同财产，或者伪造夫妻共同债务企图侵占另一方财产，在离婚分割夫妻共同财产时，对该方可以少分或者不分。离婚后，另一方发现有上述行为的，可以向人民法院提起诉讼，请求再次分割夫妻共同财产。"

产分割协议的，人民法院应当受理①。所以，翁某即使离婚了，也可以在法定期限内提出分割未分割的夫妻共同财产。

3. 股权是金某婚前个人财产，为什么还要分割股权转让款

《婚姻法司法解释（二）》第十一条规定，婚姻关系存续期间，一方以个人财产投资取得的收益属于夫妻共同财产②。即使涉案股权认定为金某婚前个人财产，但是股权转让价款体现了婚后股权的收益，法院把转让价款扣去婚前成本，剩余部分认定为股权收益，作为夫妻共同财产分割是有依据的。金某不能以股权属于个人而拒绝分割收益部分。即使他不转让股权，翁某还可以主张分割股权的增值部分。所以，即使股权属于婚前财产，面临婚变也是有风险的。

实务判例-2 根据（2015）民申字第692号裁定书。2005年2月，珠峰公司成立，其中王甲占出资总额的45%，王乙占出资总额的40%，沈某占出资总额的15%。

2005年11月，公司注册资本增至2000万元，其中：王甲出资1400万元，占70%；王乙和沈某分别出资300万元，各占15%。

2008年7月，王乙将所持公司股权300万元全部转让给王甲（注：关于王乙彻底退出股东身份的原因，王乙的解释是，为了避免将来与沈某发生投资争议、与配偶离婚重大资产争议，所以听从王甲建议选择了

---

① 此处《婚姻法司法解释（二）》第九条对应《民法典婚姻家庭编司法解释（一）》第七十条："夫妻双方协议离婚后就财产分割问题反悔，请求撤销财产分割协议的，人民法院应当受理。人民法院审理后，未发现订立财产分割协议时存在欺诈、胁迫等情形，应当依法驳回当事人的诉讼请求。"取消了一年的法定期限。

② 此处《婚姻法司法解释（二）》第十一条对应《民法典婚姻家庭编司法解释（一）》第二十五条："婚姻关系存续期间，下列财产属于民法典第一千零六十二条规定的'其他应当归共同所有的财产'：（一）一方以个人财产投资取得的收益；（二）男女双方实际取得或者应当取得的住房补贴、住房公积金；（三）男女双方实际取得或者应当取得的基本养老金、破产安置补偿费。"

隐名，彻底退出公司股东身份），此时王甲出资额增加至1700万元，占公司85%的股权。

2011年11月，珠峰公司通过股东会决议，公司注册资本由2000万元减少至100万元，占表决权15%的股东沈某没有出席股东会。2012年4月，珠峰公司通过股东会决议，公司增加注册资本4900万元至5000万元。增资后，王甲出资4250万元，持有85%的股权；海科公司持有14.7%的股权；沈某出资15万元，持有0.3%的股权。

王乙认为，王甲对珠峰公司的出资均由王乙承担支付，王甲与海科公司剥夺了王乙对珠峰公司的经营管理权利，全面否认了王乙实际出资人地位。因此他请求确认珠峰公司99.7%的股权属于王乙所有。

一审法院认为：王乙虽然退出股东身份，但是通过证据能够证明王乙名义上丧失公司股东身份，但实际上仍参与珠峰公司的日常经营管理活动，就公司事务行使相关管理和决策权利。王乙与王甲及海科公司之间虽然没有签订书面代持股协议；考虑两人作为兄弟的特殊关系，且王乙、王甲的父母和姐姐均出庭证明王乙的实际出资人身份，沈某对此也加以证明，因此，王乙作为珠峰公司实际股东的事实应予确认。

一审判决虽然支持了王乙的诉请，但是二审法院改判不予支持，理由如下：

（1）珠峰公司2012年4月增资至5000万元（以下简称"2012年增资"），当时王乙已不是该公司股东名册上记载的股东。王乙须举证证明，在本次增资时其与王甲及海科公司之间存在合法有效的代持股合意，且已向珠峰公司实际出资。

（2）二人父母、姐姐、珠峰公司相关人员的证人证言不足以证明王乙与王甲之间就 2012 年增资存在代持股的合意，以及王乙实际认缴注册资本。

（3）即便认为通过家庭会议形式对有关代持股事宜达成口头约定，但该代持股合意目的在于规避承担对投资人沈某及配偶的义务，属于逃避相关债务、损害第三人利益，根据《合同法》第五十二条第（三）项的规定，合同应属无效[①]。

这个案子一波三折，一家人公堂对簿，兄弟反目，一直打到最高人民法院，经历了一审、二审、再审程序，在当地引起巨大反响。各种是非，我们不做判断，但对于亲属之间的代持关系，应做如下思考。

1. 签署严谨的代持协议，而非家庭会议纪要

由于股权的外观主义原则，要证明代持关系必须证明有明确的代持股合意。王乙虽然找来了父母、姐姐、公司高管、其他股东作证，但是在法院看来都是间接证据，在被告否认的情形下，无法直接证明代持股的双方合意。所以，笔者在这里强烈建议，亲兄弟明算账，家庭会议纪要并非正式法律文件，一定要签署严谨规范的代持协议，以免事后不获法院支持。

2. 保留证明实际出资的证据

本案中，二审法院撤销一审判决的主要理由之一就是王乙未能提供证据，证明 2012 年王甲及关联公司增资 4900 万元由他实际出资。增资

[①] 该条款规定以合法形式掩盖非法目的的合同无效，现此条已被删除，该无效理由已不再适用。但本案可依据《民法典》第一百五十四条"行为人与相对人恶意串通，损害他人合法权益的民事法律行为无效"，认定合同无效。

前王甲名下的出资，法院也没有采信由王乙实际出资。

由于时间久远，发生争讼时再去找当时的资金往来证明难度很大。而且，即使能够证明二人之间有资金往来，也无法证明是委托出资款项。所以，建议委托人应要求代持人出具收据，证明收到代持股权的实际出资款项。

事前一团和气，事后不可开交，谁也不愿意是这样的局面。所以，从现在开始就要有证据意识，关键节点要落实，留下将来不可辩驳的证据。

3. 保障公司控制权安全是生命线

王乙退出公司后，不再是公司股东，对于公司重大决策实施如公司减资、增资，实际已经没有了话语权。

2011年公司经过一轮减资，减至100万元注册资本。即使事后他能够证明2012年增资前85%的股权属于代持，这部分股权也只对应85万元出资。在不能证明王甲及关联公司增资4900万元属于代持的情况下，85万元出资在2012年公司增资5000万元后只是个零头，没有任何话语权。

所以，做了隐名股东看似避免了投资争议、离婚分割财产的风险，但是彻底失去了公司控制权，这是本案中当事人最大的风险，因为在关键的增资一事中，他没有任何反击之力。如果当初退出公司时保有1%的股权，同时约定对于公司重大事项，如减资、增资等拥有一票否决权，就可以及时阻止2012年的增资。

4. 目的违法的代持关系不受法律保护

《合同法》第五十二条规定[①]：

> 有下列情形之一的，合同无效：
>
> （一）一方以欺诈、胁迫的手段订立合同，损害国家利益；
>
> （二）恶意串通，损害国家、集体或者第三人利益；
>
> （三）以合法形式掩盖非法目的；
>
> （四）损害社会公共利益；
>
> （五）违反法律、行政法规的强制性规定。

在判决中，由于原告自认代持的目的是规避对沈某垫付增资款项的合同义务以及避免离婚时财产受到分割，所以法院指出，即使双方有代持合意，但是由于代持目的不合法，代持关系也应属无效（在现《民法典》中也会被认定为无效或可撤销），因此进一步驳回了原告的请求。

---

① 原《合同法》第五十二条现已被删除，变更为《民法典》的相关内容：
（1）第一百四十六条："行为人与相对人以虚假的意思表示实施的民事法律行为无效。以虚假的意思表示隐藏的民事法律行为的效力，依照有关法律规定处理。"
（2）第一百四十八条："一方以欺诈手段，使对方在违背真实意思的情况下实施的民事法律行为，受欺诈方有权请求人民法院或者仲裁机构予以撤销。"
（3）第一百四十九条："第三人实施欺诈行为，使一方在违背真实意思的情况下实施的民事法律行为，对方知道或者应当知道该欺诈行为的，受欺诈方有权请求人民法院或者仲裁机构予以撤销。"
（4）第一百五十条："一方或者第三人以胁迫手段，使对方在违背真实意思的情况下实施的民事法律行为，受胁迫方有权请求人民法院或者仲裁机构予以撤销。"
（5）第一百五十三条："违反法律、行政法规的强制性规定的民事法律行为无效。但是，该强制性规定不导致该民事法律行为无效的除外。违背公序良俗的民事法律行为无效。"
（6）第一百五十四条："行为人与相对人恶意串通，损害他人合法权益的民事法律行为无效。"

律师建议

现实生活中，由于种种原因存在大量的股权代持关系。本节探讨了离婚时代持母亲股权被认定为夫妻共同财产分割的风险，为了规避离婚分割股权做代持安排失去股权的风险，不合法的代持不受法律保护的风险等。

所以，代持安排是把双刃剑，应当谨慎运用。一旦做代持安排，要想防范风险至少具备三个要素：（1）签署书面代持协议；（2）保留实际出资证据；（3）不被证明代持存在违法目的。

第三节　名义股东或隐名股东死亡，代持的股权如何继承

典型案例

利亚公司是范先生和廖先生一起创办的，二人是非常好的朋友。公司设立时，范先生是事业单位人员，不方便做股东，就委托廖先生帮忙代持自己的40%股权，也就是廖先生持有公司100%股权。公司一直正常经营，公司利润不断增长，但是一直没有分红。

2017年，范先生和廖先生一起出差，在高速上发生交通事故，二人同时死亡。料理后事后，范先生的妻子要求廖先生继承人归还代持的40%股权，但是被廖家人矢口否认，两家关系恶化，诉至法院。

廖先生去世时，其名下登记有公司100%股权，他的继承人能否继承全部股权呢？

实务判例

实务判例 -1 根据（2017）京 02 民终 3042 号判决书。房建投资公司于 2002 年改制。2002 年 4 月，付某被推选为所在车间职工代表，代表包括自己在内的九人出资购买净资产 30 万元，公司奖励净资产 137.93 万元，出资额共计 167.93 万元，所占股权比例为 0.78%。

2013 年 6 月，付某去世。付某共有四位继承人，分别为其妻陈某及三个女儿，三个女儿均表示放弃对上述股权的继承。陈某向一审法院起诉请求，要求确认其继承 0.78% 股权的股东资格，并判决公司为其办理相应的工商变更登记手续。

法院认为，虽然根据工商登记的记载，付某持有公司 0.78% 股权，但根据已查明的事实，实际归属于付某的出资额为 55.42 万元，占 0.2578% 股权，另外 112.51 万元属于他人出资，不属于付某所有，仅是由于房建投资公司改制，由付某代持了该部分股权。所以，陈某有权继承付某的出资 55.42 万元，并有权主张公司办理股权变更登记，将 0.2578% 股权变更登记至其名下。对于付某代持的他人出资 112.51 万元，陈某无权继承，亦无权要求公司变更到她名下。分析本案，我们可以总结出以下几个要点。

1. 实际出资人须证明股权代持关系的存在

之前我们讨论过股权登记具有公示效力，外部人对于登记信息有合理信赖利益。所以，要想推翻股权登记信息，主张去世股东为名义股东，实际出资人需要证明代持股合意的存在（一般为代持协议）、实际出资证明，实际参与公司管理、参加股东会等证明。如果不能提出充分证据，法院有理由信任工商登记的股东为真实股东。所以，在代持股权争议或者股权资格确认诉讼中，最关键的是能否形成代持关系的证据链条，说服法官确信代持关系的成立。

2. 继承人对于被代持的股权无权继承

《公司法司法解释（三）》第二十四条规定：

> 有限责任公司的实际出资人与名义出资人订立合同，约定由实际出资人出资并享有投资权益，以名义出资人为名义股东，实际出资人与名义股东对该合同效力发生争议的，如无合同法第五十二条规定的情形①，人民法院应当认定该合同有效。

所以，合法的代持关系中，实际出资人的财产性权利是受法律保护的。本案中由于有证据直接证明这种改制过程中形成的代持关系，这个时候保护的就不再是股权登记的公示信赖利益，而是被代持人的财产权利，陈某对于不属于付某的股权份额自然没有继承权。

3. 付某代持的其他出资人的股权如何处理

付某和其他出资人当年实际形成了委托关系，委托付某代持股权。现在作为受托人的付某已经去世，登记在其名下的股权自然无法继续由其代持，必然面临如何处理这些股权的问题。本案虽然确定了股权不能全部变更到陈某名下，但是没有涉及代持股权在付某去世后如何妥善处理的问

---

① 此处的《合同法》第五十二条已经被删除，以《民法典》的相关规定为准，具体详见《民法典》总则编第一百四十六条、第一百四十八条、第一百四十九条、第一百五十条、第一百五十三条、第一百五十四条之规定。

题。这个就是公司要面临的善后事宜了，可以考虑找到现有股东做新的代持人，但是一定要和现有股东签署代持协议，避免类似风险再次发生。

实务判例–2 根据（2013）粤高法审监民提字第65号判决书。2004年7月，大有瑞新五金厂五个出资人共同签订《合伙协议书》《委托书》《确认书》，确认各方股权。其中，梁某委托李某行使合伙人的权利，李某与梁某签订《确认书》，确认各自股权为15%；各合伙人通过律师见证确定了梁某为隐名股东。

2004年12月，该厂改制为清远市大有瑞新五金电镀有限公司，出资人之一姚某将20%的股权分别转让给冯某10%，转让给李某、梁某合计10%，李某代表梁某签订了《受让股权协议》。至此，李某名下有40%股权（包括代持梁某的股权）。2007年1月，梁某立下遗嘱，确认李某代持的20%股权属于与妻子的夫妻共有财产。2007年2月，梁某因病去世。梁某三名继承人提出要求确认三人为隐名股东，遭到公司和其他股东拒绝。

1. 法院支持了继承人继承隐名股东身份的要求

审判法院认为，从2004年7月李某和梁某签订《确认书》以及庭审中李某及其他股东陈述可以认定，梁某是李某所持公司40%股权中20%股权的实际出资人。梁某死亡后，根据梁某所立遗嘱，妻子与两个儿子享有梁某所占份额的继承权，且公司章程对于隐名股东的继承没有限制规定，所以法院支持了梁某继承人确认为公司隐名股东的要求。

2. 要想成为显名股东，需要其他股东半数以上同意

打了一路官司，本案法院确认三名继承人为公司隐名股东。为什么不直接判决公司将三人登记为显名股东呢？在本章第一节我们讲过，隐名股东要显名，即在股东名册、章程等公司文件上登记为公司股东，须经公司其他股东半数以上同意。

隐名股东的股东权利是不完整的，三人选择做隐名股东，就意味着把将来显名的决定权交了出去，由公司股东决定是否接受为显名的股东。如果股东未通过显名，就只能以隐名股东的身份间接享有股权的投资收益，而不能直接享有股东的表决权、分红权和其他权益。

律师建议

（一）建议梳理并留存财产清单，以免后人不知或无法证明代持关系

笔者在为企业家服务时，发现企业家对于企业的风险都很敏感，对于私人财富的风险反倒缺乏常识。有很多企业家的股权代持安排甚至家人都不知道，一旦发生任何不测，家人要么无从知晓这笔股权财产的存在，要么缺乏必要的证据去主张权利。所以，建议企业家制定并定期更新自己的财产清单，把别人代持自己的股权罗列在文件中，并附上所有能够证明的文件，包括但不限于代持协议、转账记录、分红凭据等。

（二）建议事先取得其他股东同意隐名股东或继承人显名的法律文件

上文说了，一旦选择代持，能不能成为显名股东，话语权掌握在其他股东手中。与其事后继承人挨个征得股东同意，还不如隐名股东在隐名之初，就尽量取得其他股东关于同意隐名股东或其合法继承人在未来任何时候都有权显名的文件，并约定是不可撤销的声明。这样将来就少了很多麻烦，可以据此直接要求显名。当然了，如果公司股东不断增加，也许事先声明同意的股东人数最后不够半数以上，但也减少了大部分阻力。

第四节　代持人有债务，代持的股权是否还安全

典型案例

荣先生和大学同学敖明一起创业，成立高鑫公司，出资 30 万元，占有 30% 的股权。由于公司成立时，荣先生正在和妻子交涉离婚，担心此时持股会被对方提出分割要求，所以荣先生委托敖明代持其拥有的股权。就在荣先生和老婆闹离婚的时候，敖明接到一纸传票，他之前欠银行的 500 万元贷款被银行起诉，同时银行诉请法院保全敖明名下高鑫公司的股权，包括代持荣先生的 30% 的股权。荣先生赶紧向法院提出了案外人异议，认为被保全的股权中有属于他的财产，应当撤销保全。法院会不会支持他的主张呢？

实务判例

实务判例-1 根据（2016）最高法民申 3132 号裁定书。刘某起诉詹某要求清偿到期债权，并申请查封詹某名下中汇公司 10% 的股权，以保证实现其债权。王某对于股权查封提出案外人执行之诉，主张自己是诉争 10% 股权的实际权利人，王某与詹某签有《委托持股协议》。詹某既没有履行股东的义务向中汇公司实际出资，也从没有享有出资收益，对该 10% 股权不享有财产权。所以，王某请求确认登记在詹某名下 10% 的股权为其所有，依法停止对上述股权的执行。

本案再审法院为最高人民法院，法院认为，根据《公司法》第三十二条规定，（股东）未经登记或者变更登记的，不得对抗第三人。工商登记是对股权情况的公示，公司外部人员有权信赖工商机关登记的股权情况并据此做出判断。本案中，虽然王某与詹某之间的股权代持关系已被一、二审法院认可，但股权代持仅具内部效力，对于外部第三人而言，股权登记具有公信力，隐名股东对外不具有公示股东的法律地位，不得以股权代持有效为由对抗外部债权人对显名股东的正当权利。根据商事外观主义原则，即使股权真实状况与第三人的信赖不符，只要第三人的信赖合理，第三人的民事法律行为效力即应受到法律的优先保护。因此，詹某因其未能清偿到期债务而成为被执行人时，刘某作为债权人依据工商登记中记载的股权归属，有权向人民法院申请对该股权强制执行。分析本案，我们要注意以下两个问题。

1. 隐名股东无法阻挡显名股东的债权人以股权偿债

在隐名股东的财产权和外部第三人的诉讼权利之间，基于股权登记的商事外观主义原则，目前的审判实践倾向于保护第三人的民事权利，以维护股东登记外部信赖利益，维护正常的交易秩序。

这就意味着，股权代持安排如果面临代持人离婚、发生继承风险，还可以通过证明代持关系来维护自己的权利；但是遇到代持人债务，即使能够证明代持关系的存在，也不能阻挡代持人的债权人执行股权偿债，这个风险太大了。

2. 隐名股东有权向显名股东追偿

虽然最高人民法院认为代持关系在代持人债务中不具有对外效力，但是在委托人与代持人之间仍然具有约束力，如果代持股权因为代持人债务被执行，隐名股东可以根据代持协议向显名股东主张赔偿损失。当然，显名股东有没有偿债能力则是另外一回事了。

实务判例–2 根据（2013）民申字第758号裁定书。棱光公司为一家上市公司，飞越集团持有9 745 120股，占棱光公司总股本的6.43%（以下简称"涉案股权"）。但飞越集团并非涉案股权实际出资人，其与广诚公司签订有代持协议，约定该股权为后者所有。后飞越集团被法院裁定破产，其债权人闽发证券要求用其名下的股权实现其债权，广诚公司主张确认涉案股权。

该案法院认为，对内关系上，根据双方的协议约定，广诚公司为该股权的权利人；对外关系上，即对广诚公司与飞越集团以外的其他人，应当按照公示的内容，认定该股权由记名股东飞越集团享有。闽发证券根据登记及公告的公示公信力，有理由相信飞越集团持有涉案股权，有权就该股权实现其债权。如果支持广诚公司确认股权的诉讼请求，必然损害飞越集团债权人的利益。因此，虽认可存在代持股权事实，但对广诚公司的诉讼请求不予支持。至于广诚公司作为实际出资人如何实现其债权（笔者理解，这里指的是因为股权被执行而对飞越集团请求赔偿的债权）的问题，一审判决已经明确告知其应通过破产程序申报债权解决。

所以，正如上文所说，法院虽然承认代持协议的效力，但是认为仅限于代持股当事人双方，不能对抗代持人的债权人。等到股权被执行之后，隐名股东可以作为普通债权人，要求代持人清偿由此产生的对隐名股东的赔偿之债。

律师建议

看到这里，估计很多有股权代持安排的读者开始担心了。那么到底如何避免代持人因为债务，导致股权被查封、冻结、执行，拿去替显名股东还债呢？根据笔者的执业经验，在此讨论两种可考虑的方案。

（一）在股权查封前让隐名股东显名或转让给指定第三人

我们刚才已经详细讨论了，当代持人有债务时，即使证明代持股权关系，也无法阻挡股权被执行的风险。所以应当在代持协议中明确规定，代持人对于自身债务风险有及时通知隐名股东的义务，隐名股东有权要求名义股东配合自己显名，或者把股权转让给自己指定的第三人。

但是，这两个方案都有不确定性。前者，隐名股东想要显名，需要过半数其他股东同意；后者，如果第三人不是现有股东，也要过半数其他股东同意。不管哪种方案，都可能面临代持人的债权人的质疑，因为在债权人眼中，这就是转让股权逃避债务行为。《民法典》第五百三十九条规定：

> 债务人以明显不合理的低价转让财产、以明显不合理的高价受让他人财产或者为他人的债务提供担保，影响债权人的债权实现，债务人的相对人知道或者应当知道该情形的，债权人可以请求人民法院撤销债务人的行为。

所以，代持人的债权人有可能提出撤销之诉，要求撤销登记到隐名股东或第三人名下的股权变更登记。

（二）股权质押到隐名股东名下

为了避免股权被执行，现实中有的隐名股东要求名义股东把股权质押到自己名下，即使名义股东欠债，债权人也难以主张查封、冻结已被质押的股权。

但是，《最高人民法院关于人民法院执行工作若干问题的规定（试行）》第31条规定：

> 人民法院对被执行人所有的其他人享有抵押权、质押权或留置权的财产，可以采取查封、扣押措施。财产拍卖、变卖后所得价款，应当在抵押权人、质押权人或留置权人优先受偿后，其余额部分用于清偿申请执行人的债权。

也就是说，即使股权被质押给了隐名股东，法院也可以采取查封、扣押措施，并通过财产拍卖，以变卖后所得价款按序受偿。

而且，要办理股权质押，需要有基础的债权债务法律关系，才会涉及股权质押担保。如果隐名股东和名义股东之间虚拟债务，然后根据这个不存在的债务把股权质押给隐名股东，则存在转移财产、逃避债务的风险。

所以，最稳妥的方式是尽量不做股权代持的安排，因为这种安排确实风险很多。

第五节　名义股东转让代持股权，隐名股东能否要求返还股权

典型案例

吕春与吕夏是兄弟，二人加上艾生共同注册成立了星辰公司，吕春持有40%的股权，吕夏持有30%的股权，艾生持有30%的股权。公司成立后由吕春、艾生经营，吕夏并未参与。2017年，吕春生病，不久就去世了。去世前，吕春告诉妻子陈颖：吕夏持有的30%股权并非实际出资，而是代自己所持，自己过世后，这部分股权留给两个未成年的儿子，但是没有留下遗嘱，吕夏也未在场。

吕春去世后，陈颖和吕夏发生争议，陈颖要求吕夏交出股权，变更到自己名下。吕夏认为陈颖已经不是吕家人，股权交给她，陈颖就成了大股东（加上继承吕春的股权），所以拒绝交出股权，更不承认股权代

持。争吵之后第二个月，吕夏就把股权全部转让给了艾生，获得对价款500万元。陈颖得知后向法院起诉，主张吕夏只是名义股东，与艾生之间的股权转让无效，要求归还股权。

这个案例其实是公司创始股东去世后的公司股权之争。那么，陈颖主张吕夏转让股权无效，到底有没有道理呢？

实务判例

实务判例-1 根据（2013）民一终字第138号判决书。2007年12月，明发公司竞拍取得321亩国有商业用地的开发权。2008年3月，项目公司明恒公司成立，该公司股东为明发公司。2008年8月，明发公司通过委托人向薛某出具《承诺书》，承诺：如果薛某按期付清上述土地受让款，明发公司将上述地块土地使用权及明恒公司股权经合法手续转让给薛某，并协助薛某办理相关转让手续。薛某后陆续支付股权收购款。2009年7月，明恒公司股东变更为陆某。2009年9月，陆某与边界公司签订《股权转让协议》，将其在明恒公司所拥有的100%股权以2.18亿元转让给边界公司；随后，公司100%股权变更至边界公司名下。

薛某与陆某就此产生争议，并诉至法院。薛某请求，确认其委托陆某代为收购并持有明恒公司股权的代持合同关系有效；确认陆某与边界公司签订的《股权转让协议》无效；依法判决陆某办理股权回转登记，明恒公司配合履行股权变更义务。陆某答辩称，双方之间系单纯的借贷关系，不存在委托收购股权和代持股权关系，且该借款已全部归还，应依法驳回薛某的全部诉讼请求。那么法院到底是否支持薛某的主张呢？

1. 受让人如果是善意有偿受让，股权转让有效

首先，法院支持了股权代持关系的效力。法院认为，虽然薛某与陆某之间未签订代持股权的书面合同，但薛某向陆某汇付款项的事实客观存在。对该笔款项的性质，陆某虽然主张为借款，但未能提供任何证据证明。一审判决综合全部案件事实，依据优势证据原则认定双方之间存在委托收购股权并代持的关系。也就是说，这个代持协议在双方之间是有效力的。

其次，该协议不能对抗善意第三人受让股权的效力。《公司法司法解释（三）》第二十五条规定：

名义股东将登记于其名下的股权转让、质押或者以其他方式处分，实际出资人以其对于股权享有实际权利为由，请求认定处分股权行为无效的，人民法院可以参照物权法①第一百零六条的规定处理。

名义股东处分股权造成实际出资人损失，实际出资人请求名义股东承担赔偿责任的，人民法院应予支持。

《中华人民共和国物权法》（以下简称《物权法》）第一百零六条规定②：

无处分权人将不动产或者动产转让给受让人的，所有权人有权追回；除法律另有规定外，符合下列情形的，受让人取得该不动产

---

① 2021年1月1日起，《民法典》正式施行，《民法典》物权编取代《物权法》。
② 此处的《物权法》第一百零六条现已变更为《民法典》物权编第三百一十一条，但具体内容保持不变。

或者动产的所有权：

（一）受让人受让该不动产或者动产时是善意的；

（二）以合理的价格转让；

（三）转让的不动产或者动产依照法律规定应当登记的已经登记，不需要登记的已经交付给受让人。

也就是说，名义股东擅自以转让或者以其他方式处分股权时，当受让的第三人无从知晓名义股东与隐名股东之间的股权代持关系时，按照善意取得原理，股权转让合同有效，善意第三人可以获得受让的股权。

2. 隐名股东可以要求名义股东赔偿损失

薛某一案中，法院既认可了代持协议，又认可了《股权转让协议》的效力，并且驳回了要求回转股权的请求。尽管根据《公司法司法解释（三）》第二十五条和《物权法》第一百零六条规定，隐名股东可以要求代持人赔偿损失，但如果代持人没有偿债能力，风险只能由该隐名股东承担。

3. 不是任何股权转让都需要其他股东同意、放弃优先认购权

细心的读者可能会有疑问，吕春的案例中，吕夏转让股权难道不需要按照《公司法》规定，先取得其他半数以上股东同意，并同意放弃优先购买权吗？这里有一个细节，本案股权的受让方是艾生，他原本就是公司股东，本次股权转让属于内部股东转让。《公司法》第七十一条规定，有限责任公司的股东之间可以相互转让其全部或者部分股权。该条规定并未对股东内部间的股权转让行为设定相应限制条件，应视为赋予了股东在其内部自由转让股权的权利。也就是说，吕夏转让给艾生股权，不需其他股东及陈颖同意，其他股东也没有优先购买权。如果陈颖不能证明二人之间有恶意串通行为，该股权转让有效，她只能通过法院起诉确认股权代持关系的存在，然后再向小叔子追偿。鹬蚌相争、渔翁得利，在这场纠纷中，艾生是最后的赢家，摇身成为公司大股东，占有60%的股权。想想就麻烦，为什么当初兄弟二人不签署一份代持协议并让艾生签署股权代持的知情函呢？

律师建议

到此大家应该理解了，为什么股权代持协议仅在当事人之间生效，对第三人没有约束力。如果代持人未经隐名股东同意，转让、质押或者采取其他方式处置股权，隐名股东实质上是无法直接约束的。

为了避免代持人任意处置股权，笔者建议：第一，签署股权代持协议时，约定好对代持人的限制条款，比如不得未经委托人同意擅自处置股权，包括但不限于转让、赠与、质押，否则承担严厉的违约责任；第二，约定委托人及其继承人可以随时要求将股权显名至自己名下；第三，最好能够将股权办理质押登记，委托人或指定的第三人成为股权质权人，这样未经质权人同意，名义股东无法转让、质押、赠与或办理任何变更登记手续。

第六节 做名义股东替别人代持股权，风险到底知多少

典型案例

范鹏代朋友邱伟持有蓝凯公司 20% 的股权，对应认缴注册资本 60 万元，其中邱伟实缴了 20 万元。公司设立后几年，邱伟举家移民德国。公司根据章程规定，要求范鹏履行 20% 股权后续出资义务。范鹏与邱伟联系，后者说不想继续投资，让范鹏和公司协商退出投资。公司拒绝减资，并要求范鹏尽快实缴剩余出资。正在交涉时，公司债权人起诉公司和包括范鹏在内的所有股东，要求范鹏在欠缴出资范围内替公司还债。范鹏很恼火，股权是替邱伟代持的，现在公司和公司债权人都找自己要钱，凭什么啊？

还别说，公司和债权人找范鹏要钱，不是没有法律依据。之前几节，

我们主要讲了委托他人代持股权行为中委托人的风险；本节，我们就详细分析一下代持人的各种风险。

实务判例

（一）代持人被要求履行出资义务、补充清偿公司债务

实务判例-1 根据（2016）鄂民终1351号判决书。2012年8月，由贤德公司发起，与熊某等多个自然人共同出资1亿元的中凯小贷公司登记设立。

2013年8月8日，谢某与中凯小贷公司、胡某、郑某订立一份《借款合同》，约定中凯小贷公司向谢某借款1045万元用于经营周转。后中凯小贷公司未能归还全部本息，谢某诉至法院，要求公司偿债，并请求股东之一贤德公司对上列债务承担补充赔偿责任。贤德公司认为，自己仅为中凯小贷公司20%股权的挂名股东，实际权利人为胡某，且公司全体股东均承诺它对中凯小贷公司经营及债务不承担责任，所以公司债务和自己没有关系。

让贤德公司万万没想到的是，一审法院判决公司其他股东在抽逃出资范围内为公司债务承担补充赔偿责任，贤德公司对上列债务承担连带赔偿责任；二审法院维持判决。为什么公司欠债，包括名义股东在内在公司股东都要承担责任呢？我们来一一分析。

1. 公司还不了钱，未履行出资义务、抽逃出资的股东需要承担补充赔偿责任

《公司法司法解释（三）》规定：

第十三条 公司债权人请求未履行或者未全面履行出资义务的股东在未出资本息范围内对公司债务不能清偿的部分承担补充赔偿责任的，人民法院应予支持。

第十四条 公司债权人请求抽逃出资的股东在抽逃出资本息范围内对公司债务不能清偿的部分承担补充赔偿责任、协助抽逃出资的其他股东、董事、高级管理人员或者实际控制人对此承担连带责任的，人民法院应予支持。

举个例子，如果公司无力清偿到期债务，而某股东认缴出资1000万元，实缴100万元，还有900万元出资义务未履行，此时债权人可以要求该名股东全面履行出资义务，补足剩余出资900万元，用于替公司还债。所以，对股东而言，不是注册资本越多越好，认缴出资过高，有可能承担替公司还债的风险。

本案中，自然人股东均系借款出资。中凯小贷公司验资后，立即将1亿元注册资金中的9901.5万元转出，法院认定该行为属于抽逃出资，当然要求股东在抽逃出资本息范围内对公司债务不能清偿的部分承担补充赔偿责任。

2. 对于股东履行出资义务，债权人可以要求发起人对此承担连带责任

本案中，虽然认定的是自然人构成抽逃出资，但是《公司法司法解释（三）》第十三条规定：

股东在公司设立时未履行或者未全面履行出资义务，依照本条第一款或者第二款提起诉讼的原告，请求公司的发起人与被告股东承担连带责任的，人民法院应予支持。

贤德公司在公司设立之初就登记为股东，属于公司的发起人，所以对于其他股东抽逃出资需要补足出资的义务，债权人可以要求其承担连带责任。

很多企业家认为股权转让了就和自己没关系了，这种认识是片面的。如果是公司设立之初的发起人，无论是不是已经退出公司，对于其他股东履行出资的后续义务，始终都要承担连带责任。

3. 名义股东不能对抗作为发起人的连带责任

《公司法司法解释（三）》第二十六条规定：

公司债权人以登记于公司登记机关的股东未履行出资义务为由，请求其对公司债务不能清偿的部分在未出资本息范围内承担补充赔偿责任，股东以其仅为名义股东而非实际出资人为由进行抗辩的，人民法院不予支持。

名义股东根据前款规定承担赔偿责任后，向实际出资人追偿的，人民法院应予支持。

本案中，贤德公司提交证据，主张其仅为名义股东而非实际出资人，实际出资人为胡某，公司全部股东也同意贤德公司不对中凯小贷公司经营及债务承担责任。但是法院认为，贤德公司系中凯小贷公司设立时的登记股东，对外产生公示公信效力。即便代持属实，贤德公司亦不能以此对抗公司外部债权人,代持存在与否,不影响其作为公司的发起人股东就其他股东抽逃出资行为向公司债权人承担连带清偿责任。

贤德公司由于不慎担当了名义股东、公司发起人,不光要替委托人胡某担责,还要替其他抽逃出资的股东在抽逃范围内承担替公司还债的连带责任。

所以本节开始的典型案例中,范鹏不能以自己是名义股东为由拒绝补足出资部分替公司还债。当然,范鹏承担赔偿责任后,可以向实际出资人追偿。但是,能不能要回来钱,要投入多少精力,就非常不确定了。

(二)名义股东会面临难以退出公司的风险

实务判例-2 2012年,S纸塑公司成立,注册资本500万元,其中,黄某认缴出资100万元,持股比例20%。同年,罗某与黄某签订《委托书》一份,约定黄某持有的S纸塑公司20%股权,为罗某实际所有,罗某委托黄某全权处理。后来,黄某、罗某因S纸塑公司市场效益不佳,诉至法院,请求确认罗某为持有S纸塑公司20%股权的实际股东,S纸塑公司为罗某办理工商变更手续。

法院认为,罗某与黄某之间构成隐名投资法律关系,但该约定系双方内部约定,仅在罗某与黄某之间产生法律约束力,对于S纸塑公司并无法律效力。在未经S纸塑公司其他股东过半数同意的情况下,黄某、罗某请求确认罗某为S纸塑公司股东的诉请不应得到支持。据此,法院对于黄某、罗某的诉讼请求不予支持。

可见,名义股东如不愿再继续代持,欲退出公司让隐名股东显名,还得经过公司其他股东过半数同意。如果其他股东不愿意实际出资人显名的，则代持人只能维持名义股东身份，难以退出股东身份。如此一来，作为股东的各种义务和风险，也要他来替实际出资人承担后，再向隐名股东追偿。

（三）名义股东可能被认定为股权相关行为的纳税义务人并承担责任

实务判例-3 根据（2015）鄂前刑初字第11号判决书。陈某甲于2004年注册成立了正泰公司，因注册该公司需要2名以上股东，故陈某甲让其朋友陈某乙挂名担任公司股东，其中陈某甲占公司90.91%的股权，陈某乙占公司9.09%的股权。但公司实际由陈某甲出资并管理，陈某乙未出资，未参与经营管理，也未从该公司获取任何利益。

陈某甲于2007年12月将公司股权转让给他人，共获取股权转让费7200万元。地方税务局在对正泰公司股权转让检查时，发现陈某甲在获得转让费之后，一直未申报缴纳税款，地方税务局向陈某甲、陈某乙分别下达《限期缴纳税款通知书》，陈某甲名下应缴纳税额677.8万元，陈某乙名下应缴税额65.8万元。陈某甲在收到通知书后，上缴部分税款，剩余税款未按期缴纳，公安局于2013年11月对本案立案侦查。2014年1月陈某甲向地税局缴纳剩余款项并自首。法院经过审判，根据《中华人民共和国刑法》（以下简称《刑法》）第二百零一条等规定，判被告人陈某甲犯逃税罪，判处有期徒刑二年零六个月，缓刑三年，并处罚金五万元。

股权转让，依法应当缴纳个人所得税和印花税。但是现实中很多个人在转让股权中并不主动申报、依法纳税。具体到代持关系中，名义股东从外观看是股权转让的纳税义务人，但实际上往往没有得到股权转让款，让其承担纳税义务是不合理的，所以本案中公安机关查清了陈某乙只是代持，未参与经营和管理后，没有追究其转让股权的逃税责任。但是，如果名义股东无法证明自己是挂名股东，实际出资人又不实际履行纳税义务，则存在违反税法规定、承担法律责任的风险。

律师建议

股权代持关系中，不仅委托人有各种风险，代持人也要承担名义股东要承担的各种义务、风险，如履行出资义务、承担纳税义务，承担公司债务牵连股东的风险，有可能是民事责任、行政责任，甚至是刑事责任。

从风险防范的角度，建议代持人考虑以下几个方面：第一，如果受托代持股权，一定要谨慎决策，评估委托人的人品、财务情况，毕竟对方在暗处，代持人在明处；第二，最好不要代持有未缴出资的股权，以免将来被判履行出资义务；第三，如果代持的股权转让，要督促实际出资人依法纳税，并保留好自己是名义股东、没有收到股权转让价款的证据；第四，和委托人约定，自己可以随时辞去代持，委托人须自己或协调第三人受让股权。

04
企业家融资之股权纠纷高频法律问题

04 企业家融资之股权纠纷高频法律问题

第一节　对赌协议约定的股权回购条款是否有效

典型案例

裴总是一家生物技术公司——英姿公司的创始股东。英姿公司获取了一项非常重要的发明专利，市场前景良好。信科公司打算以增资方式对公司投资3000万元，取得公司20%的股权。公司一下子获得这么一大笔投资，研发、经营资金一下充沛起来。但是，信科公司是一家私募股权投资机构，投资是要求有回报的。信科公司要求裴总、英姿公司其他股东以及英姿公司都要和它签署一份增资协议，约定：投资之后的3年内，承诺公司营业收入必须每年增长30%，否则创始股东和英姿公司有义务回购信科公司手中的股权，回购价格是投资本金加上每年8%的预期收益。

投资款到位后，英姿公司在生产过程中出现问题，被监管部门予以行政处罚，导致市场信誉大跌，未能实现每年营业收入增长30%的承诺。第3年，信科公司起诉英姿公司、裴总，要求二者按照合同承担连带回购责任。这个时候，英姿公司债权人不干了——凭啥先用公司财产回购股东股权，而不是优先还债权人的钱？债权人向法院提出异议，以损害债权人利益为由，要求认定英姿公司回购股权的条款无效。

本案增资协议中，关于股权回购的约定，是私募股权投资中的常见投资条款——对赌协议，目的是保证投资人在信息不对称的情况下，如果不能通过公司上市、被并购等方式退出股权投资并获得较大收益，至少保证一个可接受的投资收益。之所以称为对赌协议，是因为对创始人而言，未来业绩并不确定：如业绩达标或者公司在某个时点前实现上市，股东就赌赢了，投资人往往承诺无偿回拨给股东一定比例的股权；如果业绩未达标或者因为公司原因未能按时上市，股东就赌输了，承担从投资人手中回购股权的义务。所以，对赌协议又称"估值调整机制"。股东承担对赌责任，意味着承担巨大的风险。

这种对赌协议是否受到法律认可，或者说，对赌协议在什么情况下有效，什么情况下无效呢？

实务判例

（一）约定创始人承担回购责任的，一般认定有效

实务判例-1 根据（2015）沪一中民四（商）初字第94号判决书。2011年1月，包括原告上海谨业公司在内的众投资人，与被告刘某（创

始人）、李某签订投资协议及补充协议。该协议约定，某个年度当期实际净利润低于承诺净利润的 92%，进行目标公司的当前估值调整，原告作为投资人有权启动回购条款，被告按约支付投资款。2014 年 1 月 18 日，原告与被告签订《补充备忘录一》，约定目标公司 2014 年扣除非经常性损益后的净利润低于 4000 万元的，原告有权要求被告以现金方式收购原告持有的股权；并对回购的价格和流程进行了约定。2015 年 7 月，原告要求被告回购其股权，双方产生纠纷。

本案中，关于业绩不足就由创始人回购股权的约定，是对赌协议中常见的股权回购条款。《最高人民法院关于人民法院为企业兼并重组提供司法保障的指导意见》第二条第 6 款规定：

> 要坚持促进交易进行，维护交易安全的商事审判理念，审慎认定企业估值调整协议、股份转换协议等新类型合同的效力，避免简单以法律没有规定为由认定合同无效。要尊重市场主体的意思自治，维护契约精神……

审判法院认为，在判定对赌协议的法律效力时，应当坚持鼓励交易、维护交易安全以及注重商人具有职业性、营利性特征的商事审判基本理念，充分尊重当事人的意思自治。在对赌协议不违反法律、行政法规的强制性规定，且不损害目标公司及其利益相关者的合法权益的情况下，可以肯定其法律效力。本案对赌协议为当事人的真实意思表示，且不违反法律、行政法规的强制性规定，也不侵害公司及其债权人的合法权益，故协议合法有效，对协议当事人均具有法律约束力。

可见，在公司融资中引入股权投资人，在投资协议中约定公司股东对投资者的补偿承诺，不违反法律法规的禁止性规定，是有效的。那么，英姿公司对赌协议中的回购主体，除了创始人还有公司本身，由公司承担回购股权义务，是否受到法律支持呢？

（二）约定目标公司承担回购条款的，因为涉及损害债权人等的利益，一般认定无效

实务判例-2 根据（2012）民提字第11号判决书。海富公司作为企业法人，向世恒公司投资后，与迪亚公司合资经营。世恒公司、海富公司、迪亚公司、原股东陆波在《增资协议书》中约定，如果世恒公司实际净利润低于3000万元，则海富公司有权从世恒公司处获得补偿，并约定了计算公式。

这一约定也是私募股权投资领域常见的对赌协议，但回购方不是公司股东，而是目标公司本身，意味着公司要以自身的财产按照固定的价格回购股东的股权。

最高人民法院审判认为：这一约定使得海富公司的投资可以取得相对固定的收益，该收益脱离了目标公司的经营业绩，损害了公司利益和公司债权人利益，根据《公司法》第二十条的规定"公司股东应当遵守法律、行政法规和公司章程，依法行使股东权利，不得滥用股东权利损害公司或者其他股东的利益；不得滥用公司法人独立地位和股东有限责任损害公司债权人的利益"，认定该股权回购条款无效。

《公司法》第七十四条规定了公司回购股东股权的法定事由：

有下列情形之一的，对股东会该项决议投反对票的股东可以请求公司按照合理的价格收购其股权：

（一）公司连续五年不向股东分配利润，而公司该五年连续盈利，并且符合本法规定的分配利润条件的；

（二）公司合并、分立、转让主要财产的；

（三）公司章程规定的营业期限届满或者章程规定的其他解散事由出现，股东会会议通过决议修改章程使公司存续的。

所以，如果不具备法定的股权回购事由，仅凭对赌协议约定价格由公司承担义务损害了公司债权人和公司利益，目前一般认定为无效。

（三）对赌协议中约定的投资收益，有可能被认定为违约金性质，进而被法院予以调整降低

实务判例-3 根据（2016）浙民终341号判决书。天元投资中心主要从事股权投资业务。2011年，天元投资中心与华冶公司、久丰公司、苏为佳签署了股权转让协议，约定天元投资中心以4500万元的价格受让华冶公司5.4%的股权（对应注册资本465万元）。同日，上述各方签订股权转让补充协议，约定华冶公司、久丰公司、苏为佳对公司未来一定时间内的经营业绩进行承诺；对天元中心退出华冶公司的情形及安排做了约定，当华冶公司、久丰公司、苏为佳发生约定情形时，天元中心有权要求该三方受让其持有的全部或部分华冶公司股权，受让价格应保证天元中心投资的年复合投资收益率不低于30%，该三方应对上述股权回购义务承担连带责任。

1. 目标公司回购股权未受认可

法院认为，《公司法》第三十五条规定：公司成立后，股东不得抽逃出资。目标公司华冶公司承担回购股权义务，既不符合《公司法》关于公司回购股东股权的相关规定，也不符合《公司法》的资本维持原则，因此天元中心主张由华冶公司承担股权回购责任的请求不予支持。所以，与上述实务判例-2一致，本案法院对于目标公司回购股权不予支持。

2. 股东、非目标公司的第三人可以承担回购义务

法院认为，久丰公司、苏为佳作为公司的控股股东和董事长，签署上述协议基于自愿，亦不违反法律、法规，而且触发回购的条件（当事人涉及关联交易）已经成就，所以对天元中心的股权，久丰公司及苏为佳承担回购责任。也就是说，对赌协议除了目标公司外，约定创始股东或者其他第三人承担回购义务，具有法律效力。

3. 法院根据公平原则调低了回购价格

审判法院认为，以上协议虽未直接订立违约责任条款，但从回购股权条款的文意及回购价款的计算公式看，有关回购股权的条款，实质上带有违约补偿条款的性质。回购价款计算参考华冶公司承诺的年投资收益率确定，在并未约定对等股权奖励条款的情况下，该股权回购价格的确定过分加重了股权回购方的义务。法院对股权回购价款酌情予以调整，将投资年收益率调整为按24%计算，同时将计算方法由复利计算调整为单利计算。

综上，目标公司签署对赌协议基本会被认定为无效，过高的年投资收益率约定有可能会被调整。

律师建议

（一）大股东应谨慎签署含有业绩对赌条款的投资协议

企业家在创业过程中，融资是永恒的主题。除了银行借贷这类债权融资，股权融资也越来越被企业家所接受。私募股权投融资是一个非常专业、复杂的话题，这里建议企业家一定谨慎签署对赌协议。对赌协议作为一种估值调整机制，大概分为股权对赌型、现金补偿型、股权稀释型、股权回购型、股权激励型。无论哪一种，如果创始人对赌失败，就要根据对赌协议承担回购股权或补偿现金等义务，意味着面临失去股权或者承担巨额债务的风险。

（二）对于公司承担回购义务的对赌协议，小股东可以主张无效

前文我们已经分析了，如果公司作为主体履行对赌失败后的回购或补偿义务，损害了公司债权人、公司的利益，一般会认定无效。所以，如果大股东利用控股优势，强行签署了这类对赌条款，小股东在必要情况下可以诉请认定该协议无效。

（三）投资人签署对赌协议须认清主体

对于投资人来说，需要注意避免和目标公司签署对赌协议，否则会被认定无效。如果由创始人签署对赌协议，建议让其提出股权质押或者其他担保措施，保证对赌失败后，创始人有足够的担保物保证偿债来源。

第二节　股东签署的对赌协议是否属于夫妻共同债务

典型案例

金总是一家高新科技公司的创始股东，创新的商业模式和产品使得公司前景非常乐观。但是扩大生产、租厂房、购置设备和生产线，都需要资金，几个股东已经把房子都抵押贷款了，资金链还是吃紧。正在这个时候，一家投资机构非常看好公司的产品，愿意以溢价十倍的对价受让公司10%股权。2015年，金总团队、公司和投资机构签署了投资协议，约定机构投资后，从第二年起，公司业绩每年要增长25%，否则由金总承担回购投资人股权的义务。

资金注入公司后，产品并没有如股东和投资人希望的那样大卖，公司不断亏损，投资人开始给金总施加压力。2017年1月底，金总突然失联。2017年4月，投资机构起诉了金总和他的太太李女士，要求按照投资协议约定履行回购公司股权的义务,支付回购价款1500万元。李女士非常气愤,认为金总签署投资协议时根本没有和她商量,现在他人跑了,为什么要找她一个弱女子要钱!

本案纠纷的焦点在于,大股东金总负有回购股权的义务,和投资人之间形成了债权债务关系,那么,这个债务到底是个人的债务还是夫妻共同债务?凭着李女士没有签名的协议,投资人能否要求她替夫还钱呢?

实务判例

实务判例-1 据媒体公开报道。2011年正是影视公司小马奔腾最红火的时候,多家投资人争着投资小马奔腾。在上市之前的多轮融资中,建银文化产业股权投资基金(天津)有限公司作为投资方之一,跟小马奔腾的实际控制人李明、李萍、李莉等人先后签署了《增资及转股协议》《投资补充协议》。根据这一系列文件,李氏家族承担了风险非常大的对赌条款,即如果小马奔腾未能在2013年实现上市,投资方建银文化有权在2013年12月31日后的任何时间,要求李氏兄妹任何一方一次性收购建银文化持有的小马奔腾股权。2014年年初,就在小马奔腾紧锣密鼓地做上市准备时,创始人李明突然去世,享年只有47岁。

虽然公司的投资协议是李明先生以个人名义签署的,遗孀金燕却被投资人起诉要求偿还股权回购款,并且被一审法院判决偿还天价债务。这是为什么呢?我们来分析一下金女士面临的法律风险。

1. 股权回购义务可能被认定为夫妻共同债务

《婚姻法司法解释（二）》第二十四条规定[①]：

> 债权人就婚姻关系存续期间夫妻一方以个人名义所负债务主张权利的，应当按夫妻共同债务处理。但夫妻一方能够证明债权人与债务人明确约定为个人债务，或者能够证明属于婚姻法第十九条第三款[②]规定情形的除外。

如果适用这条规定，即使李明没有经过金燕同意自己签署了对赌协议，债权人依旧可以主张为夫妻共同债务，要求金燕作为共同债务人来偿债。

这条规定是一人借债，夫妻还钱。这种"连坐式"的夫妻共同债务认定标准受到广泛诟病，并于2018年被《最高人民法院关于审理涉及夫妻债务纠纷案件适用法律有关问题的解释》[③]予以纠正。随后，2020年《民法典》的出台，更是进一步确认了夫妻债务"共债共签"的原则。

《民法典》第一千零六十四条规定：

> 夫妻双方共同签名或者夫妻一方事后追认等共同意思表示所负的债务，以及夫妻一方在婚姻关系存续期间以个人名义为家庭日常生活需要所负的债务，属于夫妻共同债务。

---

① 此处《婚姻法司法解释（二）》第二十四条未在《民法典婚姻家庭编司法解释（一）》中有相关对应条文。
② 此处《婚姻法》第十九条第三款对应《民法典》婚姻家庭编第一千零六十五条第三款："夫妻对婚姻关系存续期间所得的财产约定归各自所有，夫或者妻一方对外所负的债务，相对人知道该约定的，以夫或者妻一方的个人财产清偿。"
③ 《最高人民法院关于审理涉及夫妻债务纠纷案件适用法律有关问题的解释》已于2021年1月1日起废止。

夫妻一方在婚姻关系存续期间以个人名义超出家庭日常生活需要所负的债务，不属于夫妻共同债务；但是，债权人能够证明该债务用于夫妻共同生活、共同生产经营或者基于夫妻双方共同意思表示的除外。

2. 离婚、丧偶都不是夫妻共同债务的豁免条件

如果股东回购义务被认定为夫妻共同债务，对赌失败带来的后果就是，创始人要承担用现金进行业绩补偿，或者是用现金回购投资人手中股权的义务，如果不主动履行这种义务，投资人可以向法院起诉要求创始股东还钱，甚至可以强制执行回购义务人及其配偶名下的所有财产。这种义务并不以债务人和其配偶离婚，或者债务人去世为豁免条件。

《婚姻法司法解释（二）》第二十五条规定[①]：

当事人的离婚协议或者人民法院的判决书、裁定书、调解书已经对夫妻财产分割问题做出处理的，债权人仍有权就夫妻共同债务向男女双方主张权利。

也就是说，即使双方离婚协议中有所谓"净身出户"、一方不承担债务的规定，也只是在离婚夫妻双方之间生效，不能以此对外拒绝承担共同还债的义务，债权人仍然有权要求认定为夫妻共同债务，两个人一起还。

同样，丧偶也不能作为豁免夫妻共同债务的条件，依据为《婚姻法

[①] 此处《婚姻法司法解释（二）》第二十五条对应《民法典婚姻家庭编司法解释（一）》第三十五条："当事人的离婚协议或者人民法院生效判决、裁定、调解书已经对夫妻财产分割问题作出处理的，债权人仍有权就夫妻共同债务向男女双方主张权利。"

司法解释（二）》第二十六条[①]：

> 夫或妻一方死亡的，生存一方应当对婚姻关系存续期间的共同债务承担连带清偿责任。

3. 夫妻对共同债务承担连带清偿责任

那么，一旦被法院认定为夫妻共同债务，是不是债权人只能要求夫妻各自偿还一半呢？或者债权人是否只能要求以夫妻共同财产来还债，不能涉及非举债一方的个人财产，比如婚前的房子、离婚后的工资收入呢？

这一直是国人在夫妻共同债务问题上的盲区。实际上，一旦认定为夫妻共同债务，彼此承担的是连带责任，也就是说：（1）债权人可以找任何一方要求偿还全部债务，谁有钱找谁，打个比方，就像是彼此提供了连带担保责任；（2）偿债的责任财产是没有限制的，夫妻任何一方名下的所有财产都可以被执行，包括不属于夫妻共同财产的部分；（3）离婚、丧偶都不会免除这种连带责任，夫妻财产约定、离婚协议或判决也不能抗辩这种连带责任，除非能够证明债务不属于共同债务，或者债权人事先知晓夫妻之间对于债务承担的特别约定。

4. 即使不是夫妻共同债务，继承的遗产也要先还债

一审败诉后，金燕女士提起上诉，本人在微博感慨：一旦你家被资

---

① 此处《婚姻法司法解释（二）》第二十六条对应《民法典婚姻家庭编司法解释（一）》第三十六条："夫或者妻一方死亡的，生存一方应当对婚姻关系存续期间的夫妻共同债务承担清偿责任。"

本钉上就等着破产，谁也跑不掉，离婚丧偶都不行。

金燕一案引起了社会的极大关注，同时最高人民法院也针对一人签字、二人负债的不合理规定做了纠正，公布了《最高人民法院关于审理涉及夫妻债务纠纷案件适用法律有关问题的解释》（2018年1月18日起施行），明确了夫妻共债的三个原则[①]：

1. 夫妻双方共同签字或者夫妻一方事后追认等共同意思表示所负的债务，应当认定为夫妻共同债务。

2. 夫妻一方在婚姻关系存续期间以个人名义为家庭日常生活需要所负的债务，债权人以属于夫妻共同债务为由主张权利的，人民法院应予支持。

3. 夫妻一方在婚姻关系存续期间以个人名义超出家庭日常生活需要所负的债务，债权人以属于夫妻共同债务为由主张权利的，人民法院不予支持，但债权人能够证明该债务用于夫妻共同生活、共同生产经营或者基于夫妻双方共同意思表示的除外。

也就是说，婚姻期间一方以自己名义承担的债务，法律不再支持为夫妻共同债务，除非债权人能够证明这个债务用于"夫妻共同生活、共同生产经营"，或者有另一方事后追认等共同举债的意思。最终这几项原

[①] 此处《最高人民法院关于审理涉及夫妻债务纠纷案件适用法律有关问题的解释》对应《民法典》婚姻家庭编第一千零六十四条："夫妻双方共同签名或者夫妻一方事后追认等共同意思表示所负的债务，以及夫妻一方在婚姻关系存续期间以个人名义为家庭日常生活需要所负的债务，属于夫妻共同债务。夫妻一方在婚姻关系存续期间以个人名义超出家庭日常生活需要所负的债务，不属于夫妻共同债务；但是，债权人能够证明该债务用于夫妻共同生活、共同生产经营或者基于夫妻双方共同意思表示的除外。"

则均被纳入《民法典》，确立了夫妻债务"共签共债"的原则。

金燕一案是否能够适用这个新的司法解释，获得二审法官支持为非夫妻共同债务，要看法官对于李明回购股权的义务是否属于"夫妻共同生活、共同生产经营"的态度。笔者认为，难题就在于如果当初对赌成功，李明获得的对赌收益在法定上属于夫妻共同财产，但是现在对赌失败就否认债务用于"夫妻共同生活、共同生产经营"，存在牵强之处。这个时候，法官的判决也许不能囿于案件本身，还要考虑在投资人利益和配偶利益冲突时，优先保护谁以及由此产生的社会影响及示范效果。

而且，即使李明的回购义务被确认为个人债务，并不是说金燕就取得了胜诉。因为在李明去世后，金燕继承了他的遗产。根据《继承法》第三十三条的规定，继承遗产应当清偿被继承人依法应当缴纳的税款和债务，缴纳税款和清偿债务以他的遗产实际价值为限。[①] 所以，对于金燕基于继承人身份继承的李明遗产，投资人仍然可以主张金燕拿出来还债，有剩余部分才能继承。

实务判例-2 根据（2018）粤01民终10525号判决书。2015年8月，海葱公司五位股东签署了一份《股权投资合作协议书》，规定股东邹某若不能达到约定条件，其余四位股东可在窗口期要求邹某回购股权。2017年2月，邹某与赖某签订《股权投资合作终止协议书》，约定：《股权投资合作协议书》第三条的对赌条款条件全部无法实现，赖某行使对赌权利，邹某回购其股权。因邹某未按期支付上述100万元回购股权款项，邹

---

① 此处《继承法》第三十三条对应《民法典》继承编第一千一百六十一条："继承人以所得遗产实际价值为限清偿被继承人依法应当缴纳的税款和债务。超过遗产实际价值部分，继承人自愿偿还的不在此限。继承人放弃继承的，对被继承人依法应当缴纳的税款和债务可以不负清偿责任。"

某与赖某于 2017 年 3 月签订《关于延期支付股权转让款的协议》,约定延期付款及利息。2017 年 6 月,邹某与罗某办理协议离婚,协议中将海葱公司的股权分给邹某。其后,邹某仍一直未按约定向赖某付款及支付利息,赖某遂于 2017 年 8 月诉至法院,要求罗某就夫妻共同债务承担责任。

一审法院认为,根据《最高人民法院关于审理涉及夫妻债务纠纷案件适用法律有关问题的解释》[①]的规定,夫妻一方在婚姻关系存续期间以个人名义所负担的债务,只有在另一方事后追认,或者该债务为家庭日常生活需要所负担,或者虽超出家庭日常生活所需但债权人能够证明该债务用于夫妻共同生活、共同生产、基于夫妻共同意思表示的,该债务才能被认定为夫妻共同债务。本案中,邹某与赖某《股权投资合作终止协议书》和《关于延期支付股权转让款的协议》的签订时间虽系在邹某与罗某夫妻关系存续期间,但明显不属于家庭日常生活所需,罗某未在上述协议中签字也未追认,股权转让款对应的股权亦未完成变更登记,至今未产生股权收益。因此,上述债务不属于夫妻共同债务,赖某要求罗某对股权转让款及利息承担连带清偿责任,依据不足,不予支持。二审法院维持了一审的判决。

可以看出,对于没有经过夫妻一方签字确认的对赌协议是否属于夫妻共同债务,本案的判决适用的是《最高人民法院关于审理涉及夫妻债务纠纷案件适用法律有关问题的解释》[②]确定的标准——是否有举债的合意,或者有收益用于夫妻共同生活所需。最终法院据此否定了债权人要

---

① 此处《最高人民法院关于审理涉及夫妻债务纠纷案件适用法律有关问题的解释》对应《民法典》第一千零六十四条。
② 同上。

求罗某承担连带责任的主张。

律师建议

（一）对于债权人而言，要争取债务人与配偶共同签署举债文件

债权人出借款项给债务人时，如果是自然人，应当了解其婚姻情况，如果是已婚，应当要求双方共同签署借款协议。如果条件不具备或对方以不在境内、不在本市等理由推脱的，一定要求对方配偶事后追认签字或者通过微信、邮件、短信等方式做出同意的意思表示，以证明共同举债的合意。所以，如果投资文件约定了对赌条款，投资人一定要确保股东和其配偶均同意承担该回购义务。

（二）对于创始股东夫妻而言，尽量争取对赌协议的豁免条款

诚如前文所言，企业要想获得融资，投资人一般要求创始股东签署对赌协议；创始股东往往别无选择，不签署就拿不到投资。但是，创始股东的配偶也会担心，如果对赌失败，会不会家财尽失，无法保证原有的生活品质，甚至连孩子的留学教育费用都毫无保障。

其实，对赌协议并非零和游戏。笔者就曾经帮助一对创业夫妇和投资人协商，获得投资人的豁免条款——一旦对赌失败，投资人追偿时，不会要求执行创始股东妻子名下特定二套房产和一辆车，作为留给两个孩子的基本生活和教育的保障。有了这个豁免条款，大股东义无反顾地签署了对赌协议，去实现创业的梦想。

第三节　创始股东引入投资人，如何提防失去控制权

典型案例

范先生和几个合伙人共同成立了一家教育公司，从事幼儿教育。成立3年后，业绩骄人，不断新开连锁培训机构。但是公司很快面临一个瓶颈——无法满足不断扩大的分支机构对资金的需求。正在这时，投资人找上门来，提出可以投资。目前公司的股权结构是范先生和其他两个合伙人4∶3∶3。如果公司要做大做强，必然要引入投资人，还需要预留股权做高管和核心讲师团队的股权激励。范先生担心，公司后续不断引入投资人，再对管理层进行股权激励，自己的股权比例就会不断稀释，会不会将来公司做大了，自己反倒失去了控制权？

范先生的担心是杞人忧天吗？其实并不是。在企业发展的道路上，

融资一直是悬在企业家头顶的一把剑。对于民营企业家而言，从银行获得贷款非常困难，尤其是创业企业，无论是从企业信用基础还是从公司可供抵押贷款的资产来说，都不是银行青睐的放款企业。所以，很多企业在发展过程中不断寻找投资人，以股权投资方式融资。股权投资的好处是，投资人的出资成为公司注册资本，公司获得继续发展的资金。但是，股权融资的风险，除了前述对赌带来的股东债务风险，还有股权融资带来的公司控制权风险。因为投资人的股权出资，必然按照双方协商的公司估值对应一个股权比例。公司只要进行股权融资，就会挤压、稀释大股东的股权，这是企业家内心真正的焦虑——如何既获得企业急需的资金，又不会失去自己对公司的控制权呢？

实务判例

实务判例-1 俏江南是中国大陆高端餐饮品牌，鼎盛时期全国开有80多家分店。它的创始人是张兰，但是目前俏江南的大股东早已易主，张兰不再是俏江南的实际控制人。整个事情还要从头说起。

根据媒体公开报道，2008年张兰结识了鼎晖创投的合伙人王功权，两人性格投契，相谈甚欢。当年9月，俏江南与鼎晖创投签署增资协议，鼎晖创投注资约合2亿元人民币，占有俏江南10.526%的股权。不过，投资人并非在搞慈善事业，也不是提供免费的午餐。鼎晖和俏江南的投资条款中设有"对赌协议"——如果非鼎晖方面原因造成俏江南无法在2012年年底上市，鼎晖有权以回购方式退出俏江南。

在对赌条款的压力下，俏江南谋求尽快上市，但是却一波三折，无功而返。2011年3月，俏江南申请境内上市，由于当时的监管要求，不支持餐饮类的传统行业登陆创业板，俏江南登陆A股的计划宣告失败。之后，俏江南转向香港申请上市。但是根据当时《关于外国投资者并购境内企业的规定》，张兰作为中国人，将境内资产装入一家境外公司在香港上市，需要获得商务部、外管局批准，但获得批准的可能性很渺茫。为了绕开"红筹上市"的监管，张兰不惜加入外国国籍。但是，即使这样，俏江南也未能实现香港上市。

上市失败后，俏江南饱受对赌条款带来的资金压力，张兰不得不继续寻求资本的帮助。2013年12月，著名私募基金CVC宣布完成对俏江南控股权的收购，该公司在俏江南持股比例达82.7%，剩余股权，张兰持股13.8%，员工持股3.5%。据张兰称，CVC收购俏江南股权的交易价格为约2.86亿美元，CVC资金来自两部分，一部分是1.4亿美元银行贷款，另一部分来自旗下基金，约1.4亿美元。张兰将大部分股份让出。双方签订的协议中明确写明，收购款项分期支付，如果俏江南经营业绩达不到一定指标，CVC将不支付部分收购款，银行也将接手CVC从张兰手中收购的股份。由于俏江南的业绩没有达到协议中约定的指标，CVC蒙受损失，而由于CVC是通过银行贷款向张兰支付收购款的，CVC也构成了对银行的违约。因此，CVC和张兰陷入了仲裁纠纷。

2015年3月，在仲裁进行的过程中，CVC以张兰涉嫌转移公司资产向香港法院申请冻结资产令，张兰个人资产被冻结。法院的命令是针对张兰和盛兰控股、俏江南发展有限公司的。命令特别指出，禁止张兰转移银行账户中的存款，以及要求张兰向CVC披露任何高于50万港元的个人资产。香港高等法院下达了资产冻结命令后，张兰并没有按照命令的要求披露自己高于 50 万港元的个人资产，根据香港高等法院 [2018] HKCFI548 判决，其行为已构成藐视法庭，将被依法处罚。2015 年 7 月，俏江南发布声明，称张兰不再担任俏江南董事会成员，且不再处理或参与俏江南的任何事务。张兰在失去俏江南的大股东地位后，也失去了董事会席位，黯然出局。

张兰女士资本运作之路可谓败笔连连——不断引入投资人，不断稀释股权，失去公司实际控制权，甚至最后面临争讼，资产被冻结，被判藐视法庭……分析该案例，最大的教训就是，作为中国第一代创业者，对于国际资本市场的运营规则、对于投资人的逐利本性、对于企业经营的战略定位、对于国家相关政策的深刻解读，存在明显的短板。加之企业家由于过往的成功带来的自负和盲目，往往会付出沉重的代价。失去企业控制权，就是失去对财富的控制权。

实务判例 –2　永乐电器创始于 1996 年，当时永乐电器作为家电连锁企业，风头仅次于国美和苏宁电器。2004 年后，国美与苏宁连锁经营的步伐日益加快，永乐电器如果不能跟上，将会面临淘汰。为了获得全国展业的资金，创始人陈晓和投资人摩根士丹利及鼎晖签署了对赌协议，获得了 5000 万美元的联合投资。对赌协议约定，如果永乐 2007 年净利润高于 7.5 亿元，则资本方无偿向陈晓团队支付 3% 的股权；如果永乐 2007 年净利润介于 6.75 亿元～7.5 亿元之间，则双方不发生股权支付；如果永乐 2007 年净利润介于 6 亿元～6.75 亿元之间，则陈晓团队须无偿向资本方支付 3% 股权；如果永乐 2007 年净利润低于 6 亿元，则陈晓团队须无偿向资本方支付 6% 的股权。

这意味着，陈晓要想不支付股权，2007 年的净利润至少要达到 6.75

亿元。陈晓之所以签订这份协议，是因为急于拿到投资和国美、苏宁竞争，同时他还相信企业可以保持高速增长并且顺利实现盈利目标。

2005年永乐电器在港交所上市，融资超过10亿港元，但是公司的发展并不顺利。2006年上半年最终获利1501.8万元，相比2005年同期净利润1.4亿元，跌幅高达89%。为了避免对赌失败履行支付股权的义务，陈晓设法说服国美收购永乐，使得永乐客观上无法执行对赌协议。2006年7月国美与永乐宣布合并，国美电器通过"现金+股票"的方式，以52.68亿港元的代价全资收购永乐电器。收购完成后，陈晓个人不再持有永乐股份，而是换股后持有国美不足4%的股份，永乐成为国美的全资子公司并从香港联交所退市。

2006年11月，陈晓低调出任国美电器总裁，此时的他已经不再是永乐电器大股东，而是国美聘请的职业经理人。之后陈晓又辞去国美董事局主席一职，无论是作为家电巨子还是作为上市公司高管，陈晓都出局了。

商业竞争步步惊心，饮鸩止渴式地引入投资，走错一步，可能就再也没有纠正与重来的机会。

律师建议

（一）重视公司治理机制的合理设置，确保大股东控制权

除了张兰、陈晓，在引入投资人、合伙人过程中痛失控制权的案例并不少见，比如1号店创始人于刚、雷士照明创始人吴长江等。笔者从法律角度提醒各位创业者，如果不想自己辛苦得来的果实被他人摘取，

必须牢牢掌握公司的控制权。公司的控制权主要包括以下三个方面：股权层面的控制权、董事会层面的控制权、高管团队的控制权。由于股东（大）会是公司最高权力机构，其决议由表决权决定，所以股权控制权是重中之重。

就绝对控制权而言，除非章程另有规定，股东持股达到67%，也就是超过三分之二，公司决策权基本可以完全掌握在手中；股东持股达到51%，也就是超过二分之一，除了增资、减资、修改章程外，公司决策权基本也可以掌握在手中。

就相对控股权而言，股东的持股比例虽然没有达到67%或51%，但是属于股东中持有股权最多的，利用其股权优势及对其他股东的威信、影响力，可以保持对公司的相对控制力。但是这种相对控制力是没有法律文件保障的。建议相对控股的股东和其他股东签署一致行动协议，或者获得其他股东表决权的委托，通过法律文件保证自己在相对控股下拥有实际的绝对控制权。

（二）可以将出资比例、表决权比例、分红权比例分别设置

如果是有限责任公司而非股份有限公司，现行的《公司法》允许章程个性化规定出资比例、表决权比例、分红权比例，也就是这三项比例可以不一一对应。

比如在本节开始的典型案例中，范先生担心自己的股权比例稀释，无法保证自己的控制人地位，可以和合伙人、投资人协商，自己作为大股东稀释出资比例，甚至让渡分红权比例，但是要保证其实际控制人的表决权比例。通过协商后落实到章程或股东协议中，给范先生吃下一颗

定心丸，免除以后的失控风险。

（三）避免给小股东一票否决权，以免公司陷入治理僵局

有些投资人投资时，往往提出苛刻的条件，要求在股东会或董事会享有一票否决权，比如一定额度的对外借款、担保事宜，比如公司的增资、投资事宜需要全体股东或者特定投资人同意，方可通过股东会决议并实施。企业家往往缺乏股权融资的经验，对于长达几十页甚至上百页的投资文件没有耐心仔细琢磨，甚至不请专业律师把关，凭着江湖义气或自信，大笔一挥就签署了投资协议和公司章程修正案，内心却盘算着——我还是大股东，你能把我怎么样？但是，如果在公司重大经营问题上小股东行使了一票否决权，大股东又不尊重的话，小股东可以起诉要求撤销股东会决议，进而容易导致公司陷入治理僵局。

所以，一定要仔细了解投资协议中关于投资人在股东会、董事会权限的真正含义及有分歧时的影响，谨慎答应给予投资人对重大事项的一票否决权。如果签署了，就要有契约精神，或者寻求对方理解配合，否则就要面临违约的法律责任。

（四）学习资本运作中的游戏规则，并吸取制胜经验

在与投资人"相爱相杀"的博弈中，有些企业家成为负面典型，他们的教训被后来者吸取。近年来，越来越多的企业家在确保控制权和引入企业急需资金之间取得了很好的平衡。这些经验和游戏规则，值得企业家在引入投资人、进入资本市场时好好玩味、学习。

根据媒体报道，阿里巴巴 2014 年在美国上市，至 2017 年 6 月，创

始股东马云持股 7%，蔡崇信持股 2.5%，管理层共持股 10.6%。虽然以马云为首的管理团队持股比例不高，但马云用合伙人制度牢牢地掌握着阿里巴巴的控制权。

从 2010 年开始，阿里巴巴集团开始在管理团队内部试运行"合伙人"制度，每年选拔新合伙人加入。合伙人委员会的核心职能之一是阿里巴巴董事会的董事提名权：阿里巴巴董事会的简单多数成员由阿里巴巴合伙人提名，经提名后的董事候选人，由股东大会过半数通过；如果阿里合伙人提名的董事未获得股东大会选举通过，或者该被提名人离开董事会，阿里巴巴有权另外任命一人为临时董事，直至下一届股东大会召开。阿里已与软银和雅虎签署了一项投票协议，软银和雅虎同意在每年的股东大会上，投票赞成阿里巴巴合伙人提名的董事候选人。因此，只要软银和雅虎仍是大股东，阿里巴巴合伙人提名的董事将在任何一次会议上都获得多数票，并当选为董事。

通过合伙人制度的设计，保证了阿里巴巴作为公众上市公司，阿里合伙人依旧握有董事会的提名权，即公司的控制权；而合伙人制度细则，包括合伙人的产生和范围由阿里巴巴集团制定和修改。基于马云在阿里巴巴和合伙人中的影响力，他虽然只有 7% 的股份，但是阿里巴巴由谁实际控制，就不言自明了。

除了阿里巴巴的合伙人制度，还有企业家和投资人用双层股权架构安排，来确保创始股东的实际控制权。

根据媒体报道，2018 年 7 月 9 日，小米集团在香港主板上市。在招股说明书中，小米公司创始人雷军持股 31.41%，通过双重股权架构，雷军虽然股权比例不高，但是仍然拥有实际控制权。什么是双重股权架构？就是小米公司的股份分为 A、B 两类，A 类股投票权是 B 类股的 10 倍。通过双重股权架构，雷军虽然只持股 31.41%，但他的投票权权重比例约为 53.79%，掌握了小米的实际控制权。小米上市，也是港交所第一次接受具有双重股权架构安排的上市申请。

京东当年上市时设计了双重股权架构，港交所认为其"同股不同权"而拒绝，结果京东 2014 年赴美上市。通过双重股权架构，使得创始人刘强东手里的 1 股相当于投资人手里 20 股的投票权利，刘强东用 20.7% 的股权控制了京东 83.7% 的投票权。此外，盛大游戏、百度、新浪微博、奇虎 360 在上市前都有双重股权架构设计，以确保创始股东的公司实际控制权不被投资人拿走。

第四节　除了要求股东回购股权之外，投资人可以打官司解散公司吗

典型案例

付总经营着一家互联网企业，主营业务是影视特效。由于公司快速发展，急需资金高薪聘请技术人员、支付外国专家顾问费用、升级设备与技术，所以付总的主要精力都放在了各种路演和与各路投资人谈项目上。好不容易，付总找到了一家投资机构雪球公司，对方同意投资2000万元人民币，以增加注册资本的方式投入公司，增资后雪球公司持有公司股权的30%。但是，投资人要求分三笔增资，第一笔500万元，其他两笔则要公司完成一个项目且达到评估标准才能实缴。

第一笔增资到位后，付总带着项目团队没日没夜地开发。让他没有想到的是，项目中途技术团队的核心人员被竞争对手挖走，付总只能仓

促招人。项目遭遇滑铁卢，采购方要求解除合同，赔偿损失。

付总要求雪球公司履行后续出资被拒绝，公司开始拖欠员工工资和房租，被房东告上法院。在压力之下，付总远走国外，不再管理公司事务。雪球公司因为是公司股东，有未缴出资，也被房东告上法院。

雪球公司联络大股东付总回国处理公司债务问题，要求公司做减资处理，打算撤出这摊浑水，但是付总避而不见，拒绝召开股东会解决问题。最后，雪球公司向法院提出诉讼，要求解散公司。这个时候付总急了，回到国内应诉，认为小股东雪球公司不能要求解散他辛苦创立的公司。

那么，投资人进入公司成为股东后，和大股东发生争议，公司陷入僵局，投资人作为小股东是否有权诉请解散公司呢？

实务判例

实务判例 根据（2017）鲁01民终8498号判决书。绿杰公司系薛某、王某、段某于2005年9月出资设立。2010年4月，绿杰公司与天泰公司（乙方）签订了合作意向书，约定后者向前者出资1200万元，用于建厂、建立研究基地及生产所需流动资金等。自2015年3月1日起至判决之日，天泰公司多次向绿杰公司董事会和监事提出召开股东会议的书面申请，查阅公司的经营状况和账目信息，均遭到绿杰公司的拒绝。天泰公司起诉绿杰公司，要求解散公司。一审法院支持了原告的起诉，绿杰公司不服提出上诉，认为不符合公司解散的实质要件。

那么公司解散诉讼需要具备什么条件呢？《公司法》第一百八十二条

规定:

公司经营管理发生严重困难,继续存续会使股东利益受到重大损失,通过其他途径不能解决的,持有公司全部股东表决权百分之十以上的股东,可以请求人民法院解散公司。

下面我们来详细分析。

1. 须持有公司全部股东表决权 10% 以上的股东提出

请各位读者注意,这里的 10%,不是股东认缴或实缴出资在注册资本中的比例,而是表决权比例。那么表决权比例如何确定呢?要看《公司法》和公司章程如何确定。

《公司法》第四十二条规定,股东会会议由股东按照出资比例行使表决权;但是,公司章程另有规定的除外。也就是说,公司章程对于出资比例和表决权比例可以分别约定,比如某个股东出资比例是 30%,表决权却可以约定为 70%,只要章程经股东会通过就可以。

所以,无论章程是否个性化,单独或合计持有公司表决权 10% 以上的股东,都可以提出解散公司的诉讼。

2. 需要具备解散公司诉讼的实质条件

《最高人民法院关于适用〈中华人民共和国公司法〉若干问题的规定(二)》(以下简称《公司法司法解释(二)》)第一条规定:

单独或者合计持有公司全部股东表决权百分之十以上的股东,以下列事由之一提起解散公司诉讼,并符合公司法第一百八十二条规定的，人民法院应予受理：

（一）公司持续两年以上无法召开股东会或者股东大会，公司经营管理发生严重困难的；

（二）股东表决时无法达到法定或者公司章程规定的比例，持续两年以上不能做出有效的股东会或者股东大会决议，公司经营管理发生严重困难的；

（三）公司董事长期冲突，且无法通过股东会或者股东大会解决，公司经营管理发生严重困难的；

（四）经营管理发生其他严重困难，公司继续存续会使股东利益受到重大损失的情形。

具体而言，股东请求公司解散的实体条件，一般有以下三个方面。

（1）公司经营管理发生严重困难。

"公司经营管理出现严重困难"的重要情形就是，公司的股东会和董事会等公司机构的运行状态出现严重困难，股东会或董事会因股东或董事之间的相互对抗，无法有效召集或形成有效决议，即陷入所谓的"公司僵局"。

本案中，自2015年3月起，投资人天泰公司多次书面申请召开股东会议，查阅公司的经营状况和账目信息，均遭到了绿杰公司的拒绝。根据双方提交的证据以及当庭陈述，绿杰公司根本无法正常召开股东会会议，无法做出有效的董事会、股东会决议，双方亦无法达成一致意见，公司经营管理陷入严重困难，已经形成严重治理僵局，符合《公司法司法解释（二）》第一条第一款所规定的法定情形。

(2) 公司继续存续会使股东利益受到重大损失。

"公司继续存续会使股东利益受到重大损失",一般指在公司经营管理已发生严重困难的状态下,已不能正常开展经营活动,公司资产不能得到有效维持并不断减损,股东直接面对投资失败的可能。本案中,根据双方提交的自 2011 年至 2015 年公司资产负债表、利润表以及借款名单显示,公司经营管理过程中,不断耗损公司原始资产,利润极低且在逐年减损,另外仍负外债 1226 万元,连续 5 年没有分红。且绿杰公司提供的科研成果仅仅是资质上的证明,并不能构成经营管理上的成果,不能证明将来可以转化为公司资产。公司继续存续必然会使股东特别是投资人天泰公司的利益受到重大损失。

(3) 通过其他途径不能解决。

根据《公司法》第一百八十二条的规定,股东提起请求公司解散之诉还存在一个前置性条件,即"通过其他途径不能解决"。"其他途径"指通过各种有效途径破解公司僵局,包括公司自力救济、行政部门管理和行业协会协调等。其中可以替代公司解散的最有效救济方式是,要求公司或其他股东以公平合理的价格购买天泰公司的股权。股权收购不仅使一方股东取得公平合理的价值退出公司,而且不影响公司继续存续。本案中,一审法院曾多次组织公司各股东进行调解,各方无法提出解决救济途径的实质性意见,难以调和。

综上,鉴于绿杰公司股东之间矛盾深刻,公司的权力机构和管理机构不能正常运行,公司经营管理严重困难,继续存续会使股东利益受到更大损失,且通过其他途径不能解决,法院支持了投资人天泰公司解散公司的要求。

律师建议

（一）解散公司之诉法院不会轻易支持

需要指出的是，有限责任公司系具有自主决策和行为能力的组织体，虽然公司会由于内部成员间的对抗而出现机制失灵、无法运转，公司决策和管理无法形成有效决议而陷入僵局，但是基于公司永久存续性的特征，法院对于股东请求解散公司的主张一般持谨慎态度。当股东之间的冲突不能通过协商达成谅解，任何一方都不愿或无法退出公司时，为保护股东的合法权益，强制解散公司就成为解决公司僵局的唯一措施。

（二）对投资人而言，解散公司可能是无奈的下策

公司一旦进入解散程序，意味着投资人可以不再履行后续出资义务（假设公司没有债务的前提下），同时可以按照出资比例享有剩余财产分配权。但是，公司解散意味着公司要组成清算组，清算资产、债务，经过复杂的法律程序，花费不少的时间、费用，然后才能分配剩余财产、注销公司。所以，投资人通过清算公司的方式退出投资，可以说是在治理僵局下最无奈的选择。同时，也由于公司僵局不可调和，导致创始股东在投资人的诉讼下，不得不解散公司。解散公司，可以说是双输的局面。

（三）投资人提出解散公司之诉，并不妨碍同时要求股东回购股权

值得提出的是，如果股东和投资人签署了对赌协议，投资人可以要求股东按约定支付回购股权的价款，同时也不妨碍其起诉公司要求因公司僵局解散公司，而且有可能分别获得法院支持。如果到了这个境地，那就是公司、创始股东、投资人的三败俱伤。所以，投资人、引入投资的各方都要谨慎，股权投资成功需要制度、规则意识，还有一些运气成分。但是，法律风险不会考虑运气因素，股东违约、侵犯投资人利益的行为，都要承担责任。

（四）股东如果不想解散公司，需要拿出实质解决方案

解散公司的一个实质要件是"通过其他途径不能解决"。所以，本节案例中，如果付总不希望解散公司，又无法抗辩公司实际陷入治理僵局，可以采取的方式是提出解决方案，以保全公司存续，如和投资人协商收购投资人股权或者找到其他投资人接盘。当然，这要看公司是不是值得拯救，毕竟"接盘侠"没有那么傻。

第五节　投资人是天使还是"冤家"——投资人还可以把创始股东怎么样

典型案例

辛总是海明公司的创始股东,他带领的技术团队非常擅长研发,环保技术成果显著,得到了很多投资人的青睐。最终公司确定引入一家投资公司,投资1000万元,占股20%,辛总仍然担任公司法定代表人、董事长。

公司获得资金后,开始了快速发展的步伐。经过投资蜜月期后,辛总觉得投资人对于环保领域是外行,却对公司运营指手画脚,利用董事会决策权限处处设置障碍。双方开始发生龃龉,辛总越来越觉得当初引入投资人是个错误。辛总背着投资人又新设了一家公司,由亲友代持股份,同时海明公司高管纷纷辞职,实际上是被辛总拉去了这家新公司。

投资人发现后对辛总提出抗议，要求辛总将所有的业务、技术都要保留在海明公司，不能暗度陈仓。双方关系更加恶化，争执不断。

正在这时，海明公司需要收一笔200万元的项目款，辛总担心款项打入海明公司后用款受限，便将这笔款收到妻子的账户。事后，突然有一天，辛总被公安机关刑事拘留，涉嫌职务侵占的罪名。辛总的妻子星夜找律师保释，她最不理解的是：公司明明是我们家的，从公司拿钱怎么变成职务侵占了？

我们先来看一下什么是职务侵占罪。《刑法》第二百七十一条规定：

公司、企业或者其他单位的工作人员，利用职务上的便利，将本单位财物非法占为己有，数额较大的，处三年以下有期徒刑或者拘役，并处罚金；数额巨大的，处三年以上十年以下有期徒刑，并处罚金；数额特别巨大的，处十年以上有期徒刑或者无期徒刑，并处罚金。

此处描述的就是"职务侵占罪"。

《刑法》第二百七十二条规定：

公司、企业或者其他单位的工作人员，利用职务上的便利，挪用本单位资金归个人使用或者借贷给他人，数额较大、超过三个月未还的，或者虽未超过三个月，但数额较大、进行营利活动的，或者进行非法活动的，处三年以下有期徒刑或者拘役；挪用本单位资金数额巨大的，处三年以上七年以下有期徒刑；数额特别巨大的，处七年以上有期徒刑。

此处描述的是"挪用资金罪"。上述两项罪名的犯罪主体都是公司的人员。这里的人员，不仅指雇员或一般高管，而且包括兼具股东身份的高管或工作人员。所以，即使公司是家族企业，老板"不拘小节"从公司拿钱、据为己有，也有可能涉嫌这两项罪名。

这两项罪名的主要区别是：挪用资金罪的行为方式是挪用，即未经合法批准或许可，擅自挪用归自己使用或者借贷给他人；职务侵占罪的行为方式是侵占，即行为人利用职务上的便利，侵吞、窃取、骗取或者以其他手段非法占有本单位财物。挪用资金罪并不企图永久占有，而是准备用后归还；职务侵占罪的目的在于非法取得本单位财物的所有权，而非暂时使用。

职务侵占罪、挪用资金罪是民营企业家的高频涉刑罪名，尤其是在和投资人的纠纷中，由于创始股东的不规范行为，很容易被投资人掌握证据举报涉嫌该等罪名。很多民营企业家对此非常不能理解：公司是我自己家开的，生意上的收入进入公司还是进入个人账户，不就是放左兜和放右兜的区别吗？怎么还涉嫌犯罪了，太危言耸听了吧？

正是这些法律上的盲区，让创始人不能适应股权多元化后的规范治理，从而导致引入投资人后踩了红线，不仅造成财富流失，甚至有可能身陷囹圄。

下面我们分析一下近年来因为投资纠纷，股东涉嫌职务侵占、挪用资金的判例。

实务判例

实务判例-1 根据广东省广州市中级人民法院2014年6月4日做出的（2014）穗中法刑二终字第68号刑事判决书。知名餐饮品牌真功夫创始人蔡达标因犯职务侵占罪、挪用资金罪，数罪并罚，决定执行有期徒刑14年，并处没收财产人民币100万元。

判决生效后，执行单位广州市越秀区法院查封了蔡达标持有的真功夫公司的41.7%股权，评估机构对该部分股权的市场估价为64 862.97万元。广州市越秀区法院于2015年10月14日做出拍卖蔡达标11%股权的执行裁定，于2015年10月21日做出拍卖蔡达标3%股权的执行裁定。

真功夫创始人蔡达标因职务侵占罪被判处有期徒刑14年，给很多民营企业家敲响了警钟——从自己家的企业不能随便拿钱，尤其是股权多元化之后。

根据媒体报道，本案的来龙去脉是这样的：1994年，潘宇海和蔡达标在东莞长安镇开了一间"168蒸品店"，后来逐渐走向全国连锁，最终更名为"真功夫"。真功夫的股权结构简单且不合理，潘宇海占50%，蔡达标及其妻潘敏峰（潘宇海之姐）各占25%。2006年9月，蔡达标和潘敏峰协议离婚，潘敏峰放弃了自己的25%股权，潘宇海与前姐夫蔡达标两人的股权由此变成了一人一半。2007年，蔡达标主导真功夫引入了两家风险投资基金——中山联动和今日资本，两家投资人各占3%的股权。真功夫的股权结构变成：蔡、潘各占47%，投资人各占3%。引入风险投资之后，真功夫谋求上市。蔡达标希望建立现代企业制度，打造去家族化的高管团队与公司治理机制。在蔡达标的主导下，公司先后从麦当劳、肯德基等餐饮企业共引进约 20 名中高层管理人员，占据了公司多数要职，这引起了两大股东的利益冲突，双方矛盾激化。2011 年 4 月，广州市公安机关以蔡达标等人涉嫌挪用资金、职务侵占等犯罪行为执行逮捕。2012 年 11 月，今日资本将所持真功夫的 3% 股权转让给润海有限公司。投资人退出投资，真功夫上市计划搁浅。

实务判例 –2 2016 年 12 月 21 日，广东省惠州市中院做出判决，以挪用资金、职务侵占罪判处雷士照明（中国）有限公司（以下简称"雷士照明"）原董事长吴长江有期徒刑 14 年，并处没收财产 50 万元，责令其退赔 370 万元给被害单位重庆雷士照明有限公司。

吴长江涉嫌的挪用资金罪，法院查明：2012 年至 2014 年 8 月期间，吴长江将雷士照明位于 3 家银行的流动资金存款转为保证金；同时，吴长江通过 4 家公司为贷款主体，利用这笔保证金作为担保，向银行共申请流动资金借款 9 亿余元。雷士照明为此先后出质保证金总额 9.2 亿元。后由于吴长江无力偿还上述贷款，致使公司损失 5.5 亿元。将流动资金存款转为保证金是吴长江的个人决定，没有经过雷士照明授权以及董事会决议通过；4 家贷款公司为其本人实际控制；贷款发放后，均由吴长江个人支配使用。

吴长江涉嫌的职务侵占罪，法院查明：雷士照明重庆公司一笔处理废料的款项 370 万元，吴未转入公司财务部门入账，而是供其本人使用，并将变卖废料的原始财务凭证销毁。案发后，370 万元未能追回。

吴长江是雷士照明创始股东，为解决公司治理僵局，保住自己对公司的控制权，他找来著名投资人入股，获得购买其他两个创始股东股权的资金。后因与投资人代表不和，吴长江引入新的投资人，后者成为雷士照明的大股东。经过多轮"病急乱投医"式的引入投资人,吴长江失去了对公司的控制权。2014年8月,雷士照明公告吴长江不再担任公司董事长,同时举报吴长江涉嫌挪用资金罪、职务侵占罪。

律师建议

(一)创始股东应当知法懂法,尊重契约精神

在引入投资人之前,大多数民营企业属于家族企业——典型的人合性,基本上都是创始股东说了算。股东名下的公司之间、家庭与企业之间财产混同现象很常见,股东从公司拿钱习以为常。但是,根据《公司法》的规定,公司财产是独立的,非经公司的决策程序并为公司利益,股东不能动用公司财产。尤其是公司引入投资人后,公司兼具人合与资合性,股东应当尊重投资人的利益,将股东与公司的人格、财产区分清楚。

上述实务判例-2中,有罪判决做出之后,吴长江难以接受。他认为雷士照明是属于自己的公司,自己说了算;既然几轮投资人都对自己处处限制,他就不和投资人商量,索性自己干。但是,从投资人的角度来说,吴的行为既缺乏契约精神、违反了公司的治理规则,又存在从上市公司向股东输送利益,损害公司的情形。所以,这场投资人与创始股东之争不可谓不惨烈,但是创始股东缺乏对《公司法》《刑法》的了解与敬畏,也是一大肇因。

（二）创始股东应当接受规范治理，避免被投资人各种追责

引入投资人后，就由原来的"一言堂"变为按公司"三会"决策机制、公司治理规则来决定公司的经营管理。很多股东在引入资金时，就像谈恋爱的小伙子一样，姑娘提什么要求都满口答应。资金到位后，就把投资协议、公司章程丢到脑后，把投资人搁置一旁，还想自己说了算。时间长了，必然导致投资人不满，甚至导致投资人提出知情权诉讼、损害公司利益诉讼、公司利润分配诉讼、对赌协议诉讼，甚至如上述案例，投资人举报股东挪用资金、职务侵占，输送公司利益。到底是什么原因，使得天使投资人变成股东眼中的"冤家"呢？很多股东把公司作为私产、不接受规范治理的做法，恐怕是一部分原因。

（三）昔日伙伴有可能变为敌人，不授人以柄方得始终

企业在引入投资人的时候，往往要和投资人坦诚相见，需要提供公司相关财务资料，披露公司所有财务、法律上的瑕疵，甚至是创始人本身不规范的行为。在这个过程中，有可能投资人比股东伴侣还了解企业的信息。可是，一旦"蜜月期"过去，这些瑕疵都有可能成为公司和创始人的雷区和软肋。所以，最好的方式是，公司从一开始在各个方面就是规范的，与投资人"相敬如宾"，按规则来，如此才能期待长长久久、"白头偕老"。

05

股权激励之股权纠纷高频法律问题

第一节 股权激励对象离婚时,激励股权(股票)能否要求分割

典型案例

许女士与钱先生于2001年喜结连理,结婚时,二人都是小型民营企业的普通员工,挣着固定的工资,生活捉襟见肘。中国加入世贸组织后,钱先生所在的服装贸易公司赶上了这次机遇,业务量逐年递增,钱先生也从普通职员升职为市场部总监,工资翻了好几番。2011年,公司开始对高管实施股权激励计划,钱先生获得了公司1%的股权;2015年,公司改制上市,钱先生持有的原1%股权、现35万股股票市值大增。但是,事业有成的钱先生开始得意忘形,经常以公司加班应酬等理由夜不归宿;许女士发现钱先生出轨后愤然提出离婚,并要求分割钱先生持有的服装贸易公司的股票。

那么，离婚时，钱先生在婚姻关系存续期间作为公司股权激励对象取得的股票，能够像普通财产一样被分割吗？

这个问题得从三个层次进行分析。

第一，离婚诉讼中，当涉案双方能够就激励股权（股票）分割事宜达成一致时，法院基本会按照双方的意见，对激励对象持有的股权（股票）进行分割。

第二，当涉案双方无法就激励股权（股票）分割事宜达成一致时，法院在综合认定案件事实的基础上，一般会判令激励对象对另一方进行金钱补偿，而不会径行判令分割激励股权（股票），因为激励股权（股票）价值的实现对激励对象具有较强的人身依赖性。

第三，当激励股权为限售股时，或者股票期权的价值很难确定时，法院可能会不做分割，建议涉案双方在激励股权（股票）可以变现或价值相对确定时另案解决纠纷。

实务判例

实务判例-1 根据珠海市中级人民法院（2015）珠中法审监民再字第 10 号判决书。姬某与何某系夫妻，姬某在中国环投公司（香港上市公司）担任执行董事兼行政总裁。婚后，姬某取得了中国环投公司的股票期权 3200 万股，其中 200 万股行权价格港币 0.2 元/股，行权期限 2006 年 2 月至 2015 年 1 月；3000 万股的行权价格港币 0.227 元/股，行权期限 2010 年 8 月至 2020 年 8 月。2012 年，何某到法院起诉离婚，至 2015 年终审判决做出时，姬某持有的 3200 万股股票期权并没有行权。

本案的裁判要点为：姬某、何某在庭审中协商一致，上述股票期权双方各享有50%的权利，因此，尽管因为未行权导致期权市场价值无法确认，一审法院依然按照当事人的合意，判决姬某、何某各享有股票期权50%的权利。二审和再审中，姬某反悔，请求法院重新分割股票期权对应的权益，均未获法院支持。

对此，笔者试做出如下分析：

1. 即使股票期权未到行权时间，其对应的财产权利也可能被分割

实践中，若离婚时股票期权的价值尚无法确定，有些法院会在判决中写明对股票期权的分割另行处理，但也有法院会像本案一样，直接判决分割未来股票期权对应的权益。

2. 当事人对财产分割的合意至关重要，法院会充分尊重

就上市公司的股票期权分割来说，法院会充分尊重当事人的意愿，在当事人达成一致时，即使是境外上市公司的股票期权，法院也会在尊重当事人合意的基础上判决分割股票期权对应的权利。

3. 分割有价证券类资产，协商不成的法院可以按比例分配

《婚姻法司法解释（二）》第十五条规定[①]：

> 夫妻双方分割共同财产中的股票、债券、投资基金份额等有价证券以及未上市股份有限公司股份时，协商不成或者按市价分配有困难的，人民法院可以根据数量按比例分配。

---

① 此处《婚姻法司法解释（二）》第十五条对应《民法典婚姻家庭编司法解释（一）》第七十二条，具体内容不变。

所以，一审法院确定双方对涉案期权各享有 50% 的权利，二审和再审法院均予维持。

实务判例 –2 根据杭州市中级人民法院（2015）浙杭民终字第392号判决书。张某与王某 2011 年 10 月登记结婚。张某系阿里巴巴员工，2012 年 5 月，公司因年度奖励授予张某 3000 股阿里巴巴集团限制性股份单位（RSU），分 4 年以 25％ 归属张某；2013 年 6 月，公司因年度奖励又授予张某 1400 股阿里巴巴集团限制性股份单位（RSU），分 4 年以 25％ 归属张某。2014 年 9 月，张某在阿里巴巴 2014 年 IPO 出售项目中以 68 美元 / 股的价格出售 1000 股，目前持有 1450 股；截至第二次开庭时，仍有部分限制性股份单位（SUV）未归属给张某。根据阿里巴巴集团相关股权激励计划以及阿里巴巴集团和员工签署的相关协议约定，截至 IPO 当天所持的阿里巴巴集团股权（含股票、期权、RSU）全部禁售，禁售期为 1 年，张某离婚时持有的 1450 股仍处于禁售期。对于其他尚未实际归属给张某的 RSU，法院未做处理。

本案的争议焦点为，张某持有的处于禁售期的激励股票能否被分割？法院认为，婚后至第二次开庭时，张某共取得阿里巴巴集团股票 2450 股，属于夫妻共同财产。但是，张某目前持有的 1450 股，因仍处禁售期，解禁会对股票价格产生重大影响，经原审法院释明后，双方也未向原审法院提供折价分割应扣除相应税金的具体计算方法，为公平合理保障双方当事人权益，目前不宜进行简单分割，双方待符合转让条件后可另行分割处理。

实务判例 –3 根据上海市第一中级人民法院（2015）沪一中民一（民）终字第 624 号判决书。佘某与陶某原为夫妻，陶某作为 A 公司高管，持有该公司 3500 股激励股权，自 2010 年开始，3500 股股权分 6 次共计 6 年授予陶某并转为非限制性股权。2014 年 4 月，法院判决双方离婚，但是在判决书中，仅对陶某持有的 A 公司 3500 股限制性股票（又名奖励股票）中的 1171 股做了判决，剩余部分因还未计入陶某名下且属于限制性股票，法院未做处理。2014 年，佘某再次诉至法院，要求对离婚时未处理的夫妻共同财产进行处理，主要为陶某离婚后新获得的限制性股票共计 929 股。

法院认为，虽然 A 公司于 2014 年 4 月 30 日始将第三批限制性股票记入陶某名下，发生于双方离婚之后，但 A 公司授予陶某限制性股票 3500 股的时间为 2010 年 3 月，该事实发生于双方当事人婚姻关系存续期间，故 A 公司授予陶某的第三批 462 股股权应认定为夫妻共同财产，现双方当事人一致同意按 124.50 元每股计算陶某名下的股权市值并分割，对此予以准许。

对于实务判例 -2 和实务判例 -3，笔者分析如下。

1. 禁售期的股份具有一定特殊性，存在不被分割的可能

在离婚诉讼中，法院对处于禁售期的股份分割持谨慎态度，一般不对处于禁售期的股份进行直接分割，一是因为很难确定解禁时股份价值，二是因为限售股解禁通常会附加一系列条件，最终是否解禁存在一定的不确定性。

2. 未实际过户至一方当事人名下的激励股权（股票），法院可能不会处理

实践中，公司的股权激励计划多是分期分批进行的；在离婚时，若有一部分激励股票或股权尚未实际归属给离婚一方，那么严格意义上，这部分股票或股权还不属于其本人，只是一种期待权。因此，对尚未归属给离婚一方的股票或股权，法院在审理离婚案件时很可能不做任何处理，当事人可以在实际行权时另案起诉。

3. 离婚后，前夫或前妻实际获得激励股权时，另一方仍可以起诉要求分割

有的读者担心，婚姻关系存续期间一方成为股权激励对象，离婚后才取得激励股权的，这部分股权还算夫妻共同财产吗？实务判例-3告诉我们，离婚前一方取得股权激励资格，离婚后股权才实际归属到位的，激励股权仍属于夫妻共同财产，在离婚后，这部分财产对应的权益也可以被分割。

律师建议

《民法典》婚姻家庭编对激励股权（股票）或者股票期权的分割没有具体规定，法院会在一般夫妻共同财产分割原则的基础上，对股权激励的特殊性予以考虑。对于此类财产的分割，笔者建议如下。

（一）基于股权激励的特殊性，建议非激励对象主张分割激励股权的价值

由于股权激励与高管的个人能力、工作年限和业绩、行权期限等紧密相关，激励股权具有较强的人身性。获得激励股权对于高管一方与配偶意义不同，公司的态度也不同——公司一般不会欢迎高管的前妻或前夫进入公司。所以，对于非激励对象一方，建议主张分割激励股权的价值,而非激励股权或股票本身,落袋为安。

(二)建议非激励对象和对方协商一致,争取一次性补偿

激励股权通常是分期分批地分配给激励对象,全部分配到激励对象名下通常需要几年时间,这会使得激励股权的价值存在很大的不确定性。考虑到法院认可离婚双方的合意,建议非激励对象一方尽量与激励对象达成一次性的补偿方案,既能避免未来激励股权价值大幅下跌的风险,也可在离婚时一次性解决财产分割问题。

(三)若离婚时未能分割,要做好打持久战的准备并及时起诉

若激励股权离婚时未能分割,那么非激励对象就要在离婚后时时关注相关信息。一旦得知期权可以行权,或者限售股解禁,就要及时起诉到法院,主张分割已归属股权或对应的价值。这需要非激励对象对离婚后股权分割纠纷做好"打持久战"的准备。

第二节　激励对象死亡时，激励股权（股票）能否继承

典型案例

高女士和王先生是多年的夫妻，虽然两人工作都很忙，但双方的感情依然像刚恋爱时那样，恩爱有加。王先生是新媒体行业 A 公司的编辑部负责人，平时主抓部门日更的新闻报道，经常没日没夜地加班。2015 年，A 公司为了增加公司的凝聚力，稳定军心，开始推行员工股权激励计划，王先生作为和公司一路成长起来的老员工，自然是重点激励对象之一，获得了 A 公司 20 万股限制性股票。激励股票分 4 年给付到位，最早可在 3 年之后解禁。从此之后，王先生愈发拼命工作了。然而，毕竟人到中年，王先生的身体已然经不起起早贪黑地透支，2017 年，王先生突发脑溢血不幸去世。

高女士在悲痛欲绝之余，想起了亡夫持有的市值不菲的 A 上市公司

的股票，遂向 A 公司提出继承。那么，高女士有权继承王先生的激励股票吗？其实，这个问题需要从两个层面看：第一个层面是，已经实际给到王先生的 10 万股股票，可以继承吗？第二个层面是，尚未给到王先生的 10 万股股票，可以继承吗？

实务判例

实务判例　根据北京市第二中级人民法院（2017）京 02 民终 3042 号判决书。付某原为北京 A 公司业务骨干兼职工代表，在公司改制时，付某现金认购出资 30 万元，奖励出资 25.42 万元，合计 55.42 万元，占股比例为 0.2578%。2013 年，付某去世。付某共有 4 位继承人，继承人之一陈某主张继承付某在北京 A 公司的股权。

《公司法》第七十五条规定：

> 自然人股东死亡后，其合法继承人可以继承股东资格；但是，公司章程另有规定的除外。

法院认为，A 公司的章程对股东资格继承的问题并未做出规定，在此情形下，应适用《公司法》第七十五条的规定。陈某只需要证明其为付某的合法继承人，而付某系 A 公司股东即可。现付某的其他法定继承人均表示放弃继承付某在 A 公司的股权，因此，付某的股东资格可以由其合法继承人陈某继承，A 公司应将登记在付某名下的 A 公司 55.42 万元出资额变更登记至陈某名下。对此，笔者试做出如下解析。

1. 高管实际取得的股权无继承限制

纳入股权激励（奖励）计划的股权可以分为两类，一类是已经实际给到高管，即已经变更登记至高管名下的股权。从以上案例可以看出，在公司章程未对股东资格的继承做出限制性规定时，继承人可以依法继承公司奖励给高管的股权，这与一般的股权继承没有区别。另一类是高管去世时，其所持有的期权还处于尚未行权的状态，即该高管尚未实际取得股权。在这种情况下，高管只是取得了以约定价格取得股权的资格，并未成为公司实质意义上的股东。在本节开头的案例中，高管王先生的继承人能否取得王先生尚未行权的股票，不仅需要看公司章程的约定，还需要结合公司内部的股权激励计划、股权激励管理办法等是否对股东资格继承有限制性规定来综合考量。实践中，不同的公司会有不同的规定，有的公司允许激励对象的继承人在限定时间内行权，取得相应的股权；有的公司则由公司收回激励股权，并向激励对象的继承人按约定进行补偿。但无论采取什么样的方式，继承人想要取得高管去世时尚未行权的股权，均需要遵守公司章程、股权激励计划等文件中的限制性规定。

2. 关于变更登记

本案被告曾主张部分股权属于公司奖励，高管原则上只有受益权，不应为继承人做股东变更登记。但是法院认为，《公司登记管理条例》第三十四条规定：

> 有限责任公司的自然人股东死亡后，其合法继承人继承股东资格的，公司应当依照前款规定申请变更登记。

所以，陈某主张将付某股权变更登记到自己名下符合法律规定，法院支持了陈某变更登记股权的请求。

从法院以上判决可以看出，对于高管通过奖励等方式取得的股权，若公司章程没有限制性规定，高管死亡之后继承人有权继承股东资格，继受成为公司新股东。

实践中，公司章程没有限制，但是公司股权激励文件有限制性规定，继承人能否继承股东资格呢？事实上，很多公司的章程并不会对股权激励继承事宜做特别规定，是否限制继承往往规定在专门的股权激励办法中。笔者认为，在认定激励对象继承人能否继承激励份额这一问题上，公司内部的股权激励办法等正式文件具有补充证据效力。实践中，不同的公司会有不同的规定，主要分为以下几种。

（1）允许激励对象继承人对所有股票期权尽快行权。

根据B上市公司于2018年11月1日披露的《B公司首期合伙人期权激励计划》第四条第（二）款："若激励对象死亡，其已获准行权但尚未行权的股票期权需在离职后最近一个行权时间内行权完毕，否则自动失效；其未获准行权的股票期权可按指定方式核算后，在离职后最近一个行权时间内行权。"

简单来讲，行权就是按照激励对象与公司事先约定的价格购买股票。可见，B公司允许继承人代替已逝激励对象行权。行权后，继承人便持有了B上市公司的股票。

（2）就高管已经取得的股票解除限制，尚未归属给高管的股票，将由公司回购注销。

根据C上市公司2018年10月30日公布的《C公司2018年限制性

股票激励计划管理办法》第六条第（四）款："激励对象因调动、免职、退休、死亡、丧失民事行为能力等客观原因与公司解除或者终止劳动关系的，激励对象可选择在最近一个解除限售期仍按原定的时间和条件解除限售，解除限售比例按激励对象在对应业绩年份的任职时限确定；剩余尚未达到可解除限售时间限制和业绩考核条件的限制性股票不再解除限售，由公司按照授予价格回购并注销。"

C公司根据激励对象死亡时是否解除限售条件，规定激励对象持有股票的处理办法——解除限售并允许继承或按照授予价格支付回购价款并注销。

（3）激励份额由公司按约定价格回购。

根据D上市公司2018年5月4日公布的《D公司子公司员工股权激励管理办法》第十一条第（一）款："在员工持有激励份额期间，员工自然死亡或被依法宣告死亡的、因健康原因无法继续工作的，其激励份额由D公司或其指定的第三方以实际出资金额加按银行同期存款利率计算的利息予以回购，但D公司有权选择是否回购。"

可见，不同公司对于激励对象死亡后的激励份额如何处理的规定不同。对于本节开始的典型案例，很难判断高女士是否能够直接继承限制性股票。只有A公司章程或股票激励办法没有限制性规定，王先生的继承人才可能顺利继承激励股票。

律师建议

公司的股权激励是一个非常复杂的系统工程，在实施股权激励计划时，公司一般会对激励对象的任职期限、工作业绩、股权授予年限和行权期间等做出一系列限制，但往往会忽略激励对象死亡时的处理办法。对此，笔者建议当事人做以下考虑。

（一）提前对激励股权的继承做出限制，避免意想不到的人成为公司股东

持有公司股权的重要高管去世时，往往会对公司的经营管理产生一定的影响。这时候，如果高管的继承人，如其妻子或父母等人继承他的股权，甚至对公司的经营指手画脚，势必会给公司管理造成麻烦。因此，在制定公司章程和股权激励计划的时候，最好对激励股权或股票的继承和回购事宜做出明确规定，防止风险发生。

（二）相比允许高管继承人继承股权，公司直接回购股权也许更有利

从前述三家公司的股权（股票）激励管理办法可以看出，在高管死亡的情形下，公司倾向选择回购股权，或者对于继承人行权进行限制。在高管意外离世的情况下，往往都没有遗嘱，也不会对身后财富传承事宜做出妥善安排。继承人很容易发生争议，进而打官司。若公司不做出这样的规定，原高管名下的这部分股权就可能因继承人之间的纠纷而被冻结，进而影响到公司股权的流动性，甚至影响到公司的经营决策。所以，在高管去世后公司回购激励股权，或者要求继承人在一定时间内尽快行权，对公司而言是相对有利的安排。

（三）建议继承人及时了解公司的章程和制度，避免错过实现权利的最佳时机

如上所述，有的公司要求继承人在高管去世后尽快行权，否则将回购激励股权，这在实践中也是一种比较常见的模式。因此，在高管去世后，继承人最好及时与公司进行交涉，尽早提出继承或行权主张，避免权利受损。

第三节　激励对象离职时，是否应该返还股权

典型案例

冯小姐是一家珠宝公司的首席设计师，她设计的首饰等饰品深受市场好评。随着珠宝公司越做越大，冯小姐也越发受公司信任与重用。2014年，公司计划改制上市，股东们一致同意，从预留股份中奖励给冯小姐0.3%的股权。2017年，珠宝公司按计划在上海证券交易所挂牌上市，冯小姐手里的股份升值为价值几千万元的股票。

就在公司上市一年后，冯小姐萌生了辞职创业的想法。她计划将自己手中的股票在二级市场卖掉，变现后创立自己的珠宝品牌。然而，珠宝公司却不同意冯小姐离职并出售奖励股票。公司认为，奖励给冯小姐的股份是以冯小姐在公司长期任职为前提的，如果冯小姐想离职，就应该将股份返还给公司；双方为此闹得很不愉快。冯小姐离职，珠宝公司有权将已经奖励给冯小姐的股份要回来吗？

实务判例

实务判例-1 根据最高人民法院（2012）民申字第1282号裁定书。2000年，李某调入南海市华星光电实业有限公司工作（后该公司更名为广东雪莱特光电科技股份有限公司，以下均简称"雪莱特公司"）。2002年，雪莱特公司法定代表人柴某与李某签订一份《关于股份出让的有关规定》，内容为：鉴于李某在公司工作中的重要性及未来发展需要，公司董事长柴某自愿将名下股份38万股（占现时公司总股本的3.8%）无偿转让给李某。雪莱特公司对上述柴某赠与李某股权事宜，办理了工商变更登记。2004年，李某与雪莱特公司分别签订《高级管理人员聘用合同》和《雪莱特公司董事、监事服务合同》，合同约定李某是雪莱特公司的董事和副总经理，任期3年。2006年，雪莱特公司在深交所上市；2007年，雪莱特公司出具一份《离职证明》，与李某先生正式解除劳动关系。

本案中，李某取得的股份是大股东柴某附条件无偿赠与的，在2002年双方签订的《关于股份出让的有关规定》中，约定柴某将股份无偿转让给李某，但李某应在雪莱特公司服务5年。法院认为，《关于股份出让的有关规定》是双方当事人的真实意思表示，该内容不违反法律法规的禁止性规定，并得到了雪莱特公司的认可，应认定合法有效。至雪莱特公司决定于2007年8月28日与李某正式解除劳动关系时，李某持股后在雪莱特公司服务了近4年9个月，尚有4个月的服务时间未满，按每月获赠股份的数额折合可撤销赠与的4个月股份数为348 259股，李某应退还柴某。柴某上诉请求返还全部股份的观点，没有获得法院的支持。

对于这个案例，笔者试着做出如下分析：

1. 股东赠与也是激励股权的来源之一，应当附赠与条件

实践中，奖励给员工的股权通常有三种来源，即公司增资扩股、公司的预留股份和老股东原有的股份。本案中，高管李某的股份来源于大股东转让。公司没有设计一套完整的股权激励机制或者分期归属机制，大股东柴某觉得李某可靠又能干，就直接把股权送出去了；这种模式在实践中其实也挺常见。如果高管没有在公司服务到约定的年限就离职，老股东可以按照未完成服务期的比例撤回赠与，但是主张归还全部赠与股份有违公平原则，很难获得法院支持。

2. 如果没有约定激励对象的服务期，服务很短期限就离职的，还能撤销赠与吗

对于很多初创企业或经营管理不太完善的企业来说，创始股东在吸引人才的时候，可能二话不说就把股权送给其非常看好的人才，缺乏完善的股权激励计划。如果受赠人在短期内离职且拒绝归还股权，合同又没有约定附条件赠与股权，创始股东可能就比较被动了。《合同法》第一百九十二条[①]规定，受赠人只有存在下列情形的，赠与人才可以撤销赠与：（一）严重侵害赠与人或者赠与人的近亲属；（二）对赠与人有扶养义务而不履行；（三）不履行赠与合同约定的义务。如果没有约定服务期限，则无法证明激励对象离职违反合同义务，撤销股权赠与的请求很可能无法得到法院支持。

---

① 此处《合同法》第一百九十二条对应《民法典》合同编第六百六十三条："受赠人有下列情形之一的，赠与人可以撤销赠与：（一）严重侵害赠与人或者赠与人近亲属的合法权益；（二）对赠与人有扶养义务而不履行；（三）不履行赠与合同约定的义务。"

实务判例 –2　根据南京市中级人民法院（2013）宁商终字第 969 号判决书。姚某系东部公司的法定代表人和大股东，持有公司 75.2560% 的股权。2009 年 12 月，姚某与张某签订的《股权激励协议书》约定，为激励张某工作，姚某将其持有的东部公司 50 万元人民币的出资无偿转让给张某，张某凭借此次转让，在公司改制时将通过验资方式直接在公司形成 0.4836% 股权。在改制完成后，该股份有 5 年的限制期，如公司需将股份奖励给第三人，张某应当在接到转让通知之日起 3 日内将股权无偿转让给姚某指定的第三人。现张某在 5 年限制期内离开公司，姚某起诉至法院，代表东部公司要求收回股权。

法院认为：

第一，《股权激励协议书》是双方当事人真实意思表示，应合法有效。对于激励的股权，一般设定限制期，限制期内受让人对受让的股权行使不完全的所有权，限制期后才能取得完全的所有权。对激励股权限制条件的设定属于有限责任公司法定范围内的自治事项，司法不宜做过多的干涉。

第二，张某取得激励股权并未支付任何对价，系无偿取得，且张某对股权回收的条件亦签字同意。因此，东部公司依据协议约定收回股权，并没有剥夺张某的固有财产利益。

第三，因张某在《股权激励协议书》约定的 5 年限制期内不再为东部公司工作，东部公司对张某进行激励的基础已不存在；且东部公司的情况发生重大变化，东部公司有需要激励的第三人，故《股权激励协议书》约定的解除条件成就，姚某在东部公司的授意下要求张某返还这部分股权，符合《股权激励协议书》的约定。

第四，虽然股权激励计划是为东部公司的利益而实施，但是激励股权系以姚某的名义转让，姚某以自己的名义主张返还股权并无不当。

在本案中，法院从四个角度论证了离职员工将激励股权返还给东部公司和老股东的正当性，分别是《股权激励协议书》的效力、股权的对价、股权激励的基础和股权的来源。笔者认为，在这四个因素中，《股权激励协议书》本身的约定具有决定性作用。

那么本节开始的典型案例中，冯小姐的股份是不是也应该返还给公司呢？答案是不一定。以上两个实务判例中，涉案协议都约定了服务期限，而冯小姐取得股份并没有与公司和转让人就服务期限有任何约定。那就要看奖励的股份是事后奖励还是事前奖励。

事后奖励主要指公司制定股权激励办法并为员工设定目标，只有当员工完成一定的业绩，交付令人满意的工作成果，这些股权才能奖励到员工手中。对于这种"事后奖励型"股权，不应以员工离职主张收回。事前奖励主要指公司看好某位员工的能力与才干，愿意事先拿出一部分股权奖励给员工，以稳定军心，刺激其工作热情。对于这类激励股权，若员工没有做出明显工作业绩后就离开，法院很可能支持返还。

律师建议

以上几个实际发生的案例警示企业家们：

（一）股权激励是系统性和长期性的工作，万不可草率为之

在证监会的监督管理下，上市公司的股权激励制度比较完善，股权

激励计划从制定到实施，从给付部分股份到全部股份落实到位，少不了经验丰富的律师的帮助。在非上市公司中，股权激励制度往往不够完善与规范，股权的给付、服务期的设定、业绩的要求等细节不够明确，这才导致了高管离职时的各种不愉快。因此，笔者建议公司在制定和实施股权激励计划时，尽量多听取专业人士的建议，用白纸黑字、行之有效的制度防范未来的风险。

（二）只有激励机制是不够的，要配合约束或惩罚机制

在设定服务期的股权激励计划中，若激励对象主动离职、因过错被辞退或开除，公司也可以考虑在回收股权外，设立行之有效且合理的惩罚机制，这样激励与制约机制相互配合，才能起到更好的效果。

（三）股权激励的核心原则，需要"收放自如"，防止股权纠纷

股权激励是个非常复杂的系统性制度，尤其要注意与股权激励挂钩的考核机制和退出机制。如果考虑不周、实施不当，很可能不但达不到激励的效果，反而引起股权纠纷。故建议企业家在进行股权激励时，应当聘请专业的机构进行系统设计。

（四）对于激励对象，一定要签署明确的法律文件保障权利

对于上市公司，有规范的股权激励规划保障高管的权利，而在有限公司中，股权激励存在很多不规范之处，甚至有时是老板拍脑袋决定，对高管进行口头约定"画大饼"。对于这种情况，建议激励对象一定要在加盟公司的最好契机，对于老板、大股东允诺的激励条件，及时用正式

的法律文件固定下来，约定好授予股权数量、行权条件、价格，激励对象离职时的解决方案。以免因约定不明导致离职时双方发生纠纷，利益得不到保障。

第四节　激励对象未出资，影响股东资格的认定吗

典型案例

　　宋先生是一家上市公司的首席CFO。公司创立十几年来，宋先生一直和公司风雨同舟，深得各位股东的信任。公司改制上市时，股东们商议预留出了100万股给宋先生做股份激励，股款由公司先垫付，并从宋先生的工资和奖金中定期扣取一定比例归还。

　　公司上市后，业务越来越多，收益也越来越好。大股东为了公司避税，经常让宋先生在财务工作上采取不规范的"套路"，这让宋先生很是为难。财务经验丰富的宋先生深知这样做的法律风险。终于，宋先生不堪压力，提出了辞职。

　　公司股东认为，宋先生购买公司股票的股款由公司代付且尚未偿还完毕，宋先生名下的股份有一部分仍应属于公司。

那么，宋先生作为当年公司股东"钦点"的股份激励对象之一，在没有完全缴纳完毕购股款之前，到底是不是公司股东呢？

实务判例

实务判例 根据北京市第一中级人民法院（2014）一中民（商）终字第8637号判决书。2007年6月，康得新公司（甲方）、博大公司（乙方）及刘某（丙方）共同签订了一份激励协议。甲方决定实施核心员工股权激励制度，丙方为甲方选定的激励对象之一，乙方是甲方选定的为丙方间接持股的持股平台。该协议第四条规定，丙方自获得激励性股票之日起至甲方股票上市后的3年内，因辞职而终止与甲方的劳动关系时，甲、乙双方将以丙方购得激励性股票的成本价回购其持有的激励性股票。同年7月，刘某以货币缴纳34.5万元。2012年9月，刘某从康得新公司退休。2013年9月，博大公司与康得新公司共同向刘某寄送一份关于解除激励协议的通知函，以其未支付购股款、限制期内退休等原因，要求其无偿交回股份，刘某拒绝，遂起诉到法院。

法院认为，刘某所缴纳的出资，是由其本人出资或第三方垫付，仅涉及刘某与第三方之间的债权债务关系，并不影响刘某出资行为本身的法律效力。即使存在博大公司与康得新公司所主张的，刘某所缴纳的出资款系由康得新公司垫付的情形，亦不能据此认定刘某违反激励协议的出资义务，该情形亦不属于激励协议第四条规定的可以收回或回购刘某所持激励性股票的情形。对于本案的法律要点，笔者做如下分析。

1. 激励对象是否履行全部出资义务，并不直接影响其股东资格

现行《公司法》实行认缴资本制，股东未按章程规定履行全部出资义务，除非公司已催告其履行出资义务并在催告无果后通过股东会决议取消其股东资格，否则不能直接否定激励对象已获股权的股东资格。

在本案中，宋先生通过向公司借款的方式筹足资金支付了股权认购价款，不存在未履行出资的问题，公司没有取消其股东资格的法律依据。

2. 公司或其他人提供出资来源的，亦不影响股东资格的获得

在很多股权激励计划中，员工的购股款是由公司或实际控制人代付。对此，第三方替员工或高管缴纳购股款的，仅在第三方与员工之间形成债权债务关系，出资来源于借款不影响员工认缴出资的法律效力，也不应影响员工的股东资格。

律师建议

（一）激励对象不履行出资义务，可以追究其违约责任甚至取消股东资格

《公司法》第二十八条规定：

> 股东应当按期足额缴纳公司章程中规定的各自所认缴的出资额。股东以货币出资的，应当将货币出资足额存入有限责任公司在银行开设的账户；以非货币财产出资的，应当依法办理其财产权的转移手续。
>
> 股东不按照前款规定缴纳出资的，除应当向公司足额缴纳外，

还应当向已按期足额缴纳出资的股东承担违约责任。

《公司法司法解释（三）》规定：

第十六条 股东未履行或者未全面履行出资义务或者抽逃出资，公司根据公司章程或者股东会决议对其利润分配请求权、新股优先认购权、剩余财产分配请求权等股东权利作出相应的合理限制，该股东请求认定该限制无效的，人民法院不予支持。

第十七条 有限责任公司的股东未履行出资义务或者抽逃全部出资，经公司催告缴纳或者返还，其在合理期间内仍未缴纳或者返还出资，公司以股东会决议解除该股东的股东资格，该股东请求确认该解除行为无效的，人民法院不予支持。

根据以上规定，激励对象获得激励股权后如不履行出资义务，存在面临限制分红、对守约股东承担违约责任，甚至被股东会决议取消股东资格的风险。所以，激励对象获得激励股权后，不但享有股东权利，还要承担股东义务，否则公司、其他股东有权追究激励对象相应法律责任。

（二）建议激励对象及时履行各期出资义务，以免影响股东资格的认定

笔者提醒获得激励股权的高管，如果公司未来发展前景较好，建议应当按照章程或激励办法的约定，及时缴纳认购款，以避免公司未来拒绝分红或采取其他措施限制股权权益。

第五节　高管未完成考核指标时，是否会影响股权激励

典型案例

黄女士是一家上市公司的COO，2015年公司将100万股股票分5次60个月奖励给黄女士，黄女士获得奖励股票的前提条件是，公司每年的营业额应达到一定的指标，且每年净利润的增长率至少达到10%。2016年，黄女士工作非常卖力，市场行情也非常好，公司如约奖励给黄女士20万股股票。2017年，受市场行情的影响，虽然公司的营业额达标了，但是净利润的增长率没有达到10%，公司为了鼓舞员工的士气，在2017年也将20万股股票奖励给了黄女士。2018年，受各种市场及非市场因素的影响，公司的业绩惨不忍睹，净利润增长10%是不可能了，营业额很可能也无法达标。年末，公司通知黄女士，今年的激励股票没有了。

黄女士非常委屈，2015年以来，自己一直都保持着极高的工作强度

和饱满的工作激情，没有丝毫懈怠，只是由于很多市场和客观原因，才导致没有完成股权激励的考核指标，公司因此就拒绝按约定奖励自己股票，是不是有点不合理？

实务判例

实务判例 -1 根据深圳市中级人民法院（2017）粤 03 民终 1326 号判决书。博彦深圳公司系博彦股份公司（以下简称"博彦股份"）的全资子公司。博彦股份系上市公司，发布了一期股权激励计划，文某为其中一名激励对象，根据激励计划获授了限制性股票，股票分为三期解锁。后来，博彦深圳公司以严重违纪为由，单方解除了文某的劳动合同，且回购注销了所有已授予文某的限制性股票。文某不服，遂向人民法院请求判决返还股票。

法院认为，公司主张的文某未达标的原因存疑，不符合客观事实。法院审查后发现，双方的劳动合同解除时，文某已获授的限制性股票中，第一期解锁时间已届满但尚未办理解锁手续，第二期、第三期尚未达到解锁时间。法院的判决结论是，公司回购并注销文某应解锁的第一期股票，应赔偿就此给文某造成的损失；第二期由于某一条件不可能达到而不予赔偿；第三期解锁时间尚未届至，待期满后由文某另行主张。对本案的法律要点，笔者做如下分析。

1. 对于员工考核是否达标，法院有自己的判断标准

本案中，公司依据自己模糊的考核指标，认定员工文某的表现未满足解锁指标，但是法院并不认可，而是认为公司不解锁的行为依据不足。

因此，员工在与公司发生争议时，可以诉请法院根据公平原则进行裁判，结果并不一定会被公司限制性股票解锁条件所限制。

2. 分期解锁的股票中，法院仅会审查当期或前期应解锁的股票

对于尚未到解锁期的股票，由于未来员工表现的不确定性，法院并没有判定直接解锁，也在一定程度上尊重了公司的规章制度，要求文某在限制性股票至解锁期后再另行主张权益。这种做法类似于夫妻离婚时对尚未归属的激励股权不予处理，法院对未归属于高管的股权不予处理，是为了等待归属事实确定后再确定双方权利义务，避免"空头判决"。

实务判例–2 根据深圳市中级人民法院（2015）深中法商终字第2849号判决书。2008年，刘某与徐某签订《委托持股协议书》和《目标责任书》，约定当公司的业绩是"公司上一年度经审计净利润增长率达到或超过20%"，且刘某的业绩考核在B级以上时，徐某将其持有的公司18 636万股股票变现或过户给刘某，过户时间为委托协议约定的授予日起36个月后，按第一年40%、第二年30%、第三年30%的比例分期变现或过户。然而，刘某在考核期内的业绩未达标。

法院认为，因公司在2011年2月至2014年2月1日前的最后一个交易日前的净利润增长率均未达到或超过20%，《目标和激励计划考核办法》《目标责任书》约定的变现条件并未成就，刘某要求确认依据持股证所取得的股票21 840股（登记于徐某名下）归其所有并要求徐某配合办理过户手续的诉讼请求，法院不予支持。

从以上案例可以看出，高管的业绩考核本来就是公司确定好的授予激励股票的条件，在条件未成就时，公司有权决定暂不授予高管激励股票或股权。

实务判例-3 根据上海市第二中级人民法院（2017）沪02民终11134号民事判决书。2011年7月，李某与德力西公司签署劳动合同，并入职工作，其中约定李某担任副总裁一职；同时约定，在劳动合同约定的服务期内，德力西公司给予李某股权激励，每年配比一定金额作为李某今后入股德力西公司的资金。2016年7月，李某与德力西公司的劳动合同到期终止。德力西公司考核制度规定，员工年终考核为F级时，视为不合格。

由于自2014年起，李某年度绩效考核均为F级（不合格），故德力西公司未再向李某发放年度绩效奖金，李某不服另案提起了诉讼。根据该案的审理结果，认定2014年1月至2016年7月期间，李某的年度绩效考核确系均未能达到合格标准，故基于上述股权激励制度的特点，李某再要求德力西公司给予其配比2014年1月至2016年7月期间的入股金，有失公允，法院不予支持。对于此案，笔者试做出如下分析。

1. 股权激励是与员工业绩密切相关的制度

股权激励，是企业为了激励和留住核心人才而推行的一种长期激励机制。股权激励制度以被授权人业绩考核指标的完成情况作为实施条件，进行业绩考核并分期授予股权，明确为法律所允许。公司如果明确约定了激励考核条件且双方协商一致的，员工考核未达标，公司拒绝向员工授予当期激励股权，不违反法律的规定。

2. 公司有义务就员工业绩是否达标提供证据

综合分析以上实务判例可以看出，在第一个判例中，由于公司未能提供令法院信服的员工业绩未达标的证据，所以败诉；而在第二和第三个判例中，公司都提供了员工业绩数据或考核结果，证明员工明显不符合股权激励要求的业绩考核目标，因而公司胜诉。所以，公司为员工做好业绩考核也是一件非常重要的事。

回到我们本节开始的典型案例，既然黄女士没有达成激励计划中的业绩要求，公司就有权利拒绝向其授予当期激励股权。黄女士只能再接再厉，争取来年业绩达标了。

律师建议

高管若没有按照公司股权激励制度的要求达成业绩考核目标，公司有权按照事先的约定不授予其当期股权。对于公司和高管来说，笔者有以下两点建议。

（一）股权激励计划是一套系统工程，一定要提前规划好业绩指标

笔者服务过中国诸多企业家，发现企业家们求贤若渴，授予高管股权过于随性。确实，股权是一种很好的激励工具，但是，要想让这个工具真正发挥作用，配套的业绩考核指标、股权授予期限和股权回购制度都是必不可少的。在这些制度没有认真考虑好之前就送出股权，没有约定挂钩的业绩指标或约定不清晰，在发生争议时，法院可能会支持高管一方取得激励股权。这样仓促授予股权，对公司是非常不利的。

（二）公司要规范经营，注意保存激励对象业绩考核证据

对于员工的考核是综合的，除了业绩考核之外，还有员工的考勤制度、劳动规章制度、财务制度、加班管理制度等，高管的日常工作内容、

为公司带来的业绩等数据，未来都会成为考核指标之一。因此，公司一定要注意保存激励对象的各项考核记录，以防在未来出现争议时无法提供证据证明考核未达标。

（三）对于高管而言，要争取合理的业绩考核指标并留存证据

老板们往往颇具豪气，口头承诺多、文字落实少。对于高管而言，如果激励计划有考核指标，一定要充分考虑、判断考核指标的合理性，争取更有弹性、更客观的考核指标。对于模糊不清的考核指标，建议双方约定具体、可评估的业绩指标，避免之后发生争议。同时，高管在工作中，也要注意留存证据证明自己业绩达标，以免发生争议时处于被动地位。

06

涉外、涉港澳台家事关系之股权纠纷高频法律问题

第一节　中国人转让外国公司股票，发生纠纷时哪国法院审、哪国法律判

典型案例

李先生是一位科技新贵，毕业于知名大学并留学美国，在前些年的互联网大潮中，他成功获得著名天使投资人的投资，创办了自己的企业并在美国上市。与此同时，他与女友毛女士完婚，组建了幸福的家庭。婚后，二人并未加入美国国籍，近年又回到中国创业。李先生委托侄子（美国公民）代为管理美国公司，为感谢其付出，将公司100万股票赠与侄子，但是并没有告诉妻子。毛女士得知此事后激烈反对，并在李先生户籍所在地北京提起诉讼要求撤销赠与。

本案原告是中国人（毛女士），被告分别是中国人（李先生）和美国

人（侄子），申请撤销的是一家在美国上市的外国公司股票（在开曼群岛设立）。所以这个案件是一个涉外股权赠与纠纷。对于这样的案件，到底中国法院有没有管辖权？如果中国法院受理了，应当按照中国还是美国法律或是开曼群岛的法律审理？当涉及涉外民事诉讼时，这些都是需要解决或弄清楚的问题。

1. 什么是涉外民事法律关系

涉外民事法律关系属于国际私法范畴，是指相对于受理法院而言，主体、客体、权利和义务这些因素中，有一个或一个以上的因素涉及外国的民事法律关系。

《最高人民法院关于适用〈中华人民共和国涉外民事关系法律适用法〉若干问题的解释（一）》第一条规定：

> 民事关系具有下列情形之一的，人民法院可以认定为涉外民事关系：
>
> （一）当事人一方或双方是外国公民、外国法人或者其他组织、无国籍人；
>
> （二）当事人一方或双方的经常居所地在中华人民共和国领域外；
>
> （三）标的物在中华人民共和国领域外；
>
> （四）产生、变更或者消灭民事关系的法律事实发生在中华人民共和国领域外；
>
> （五）可以认定为涉外民事关系的其他情形。

2. 审理涉外民事法律关系涉及的"冲突法"与"准据法"

冲突法又称法律适用规范或法律选择规范，它是指出某种涉外民事关系应该适用何国法律来调整的规范。比如在李先生的案例中，涉及国家或地区有美国、中国、开曼群岛，到底这个股票赠与纠纷应该按照哪个国家或地区的法律规则来审理呢？冲突法本身并不能确定当事人之间的实体权利义务，它只是负责给受理法院"指路"——对于这个涉外案件，选择按照哪个国家或地区的法律审理、判决。也就是说，一国法院受理了本国法律赋予其管辖权的涉外案件，首先要解决的问题是用本国法律还是某个外国（地区）法律进行审理、判决。

准据法是指依据冲突法所确定的审判法院需要适用的一国实体法，也许是本国法律，也许是外国法律，要看根据本国冲突法规则指向的是哪国法律。

所以，对于上述案例而言，首先要解决的是国内法院是否有权受理该案，其次是中国法院根据中国法律确定的"冲突法"规则，识别适何国法律判决这个案子。接下来，笔者用一个案例来具体分析。

实务判例

实务判例 原告陈某，被告熊某、熊大为中国公民，住所地为江西，陈某与熊某为夫妻关系，熊大为熊某长兄。熊某在 2008 年 12 月将其在婚姻关系存续期间取得的美国纳斯达克上市的 N 公司 400 万股发起人记名股股票转让给了同为 N 公司上市发起人的长兄熊大。根据美国证券交易监督委员会的报告披露，熊大没有为这些股份支付对价。陈某于 2010

年9月向江西省高院提起诉讼,请求法院判决确认熊某与熊大的股权转让行为无效。江西省高院一审认为:本案股票转让行为包括赠与行为和股票过户行为两部分,原告的实际诉讼请求是要求确认被告熊某与熊大的股票赠与合同无效,故将本案认定为涉外赠与合同纠纷,涉外赠与合同纠纷适用赠与人住所地中国法,最终法院判定赠与合同无效。目前该判决已经生效。

本案的焦点在于:

1. 本案适用哪个国家法律——根据冲突法规则判断

对于受理本案的法院,首先要做的事情就是识别涉案法律关系属于何等性质,并检索本国法律关于该涉外法律关系适用的冲突准则——指向哪国法律?笔者试着分析法院据以判断本案适用哪国法律的几个连结点。

(1) 有价证券关系适用最密切联系的法律。

《中华人民共和国涉外民事关系法律适用法》(以下简称《涉外民事关系法律适用法》)第三十九条规定:

> 有价证券,适用有价证券权利实现地法律或者其他与该有价证券有最密切联系的法律。

本案股票所属公司在美国纳斯达克上市,其设立、变更、消灭等都需要在纳斯达克交易所进行并根据美国联邦或纽约州当地法律规定实现上述法律关系,因此,无论是权利实现地抑或是与该有价证券有最密切联系地，都指向美国的相关法律规定。① 所以，根据《涉外民事关系法律适用法》第三十九条，中国法院似乎应该根据法律规定，查明纽约州或者联邦关于有价证券赠与的相关法律并适用。

而上市公司所注册的开曼群岛，由于公司属于离岸公司，仅涉及上市公司注册地，在本案中不涉及相关连结点。

（2）当事人合意约定适用法律。

由于本案涉及赠与股票是否属于夫妻共同财产，如何判断是否属于夫妻共同财产，就要适用冲突法规则解决。根据《涉外民事关系法律适用法》第二十四条：

> 夫妻财产关系，当事人可以协议选择适用一方当事人经常居所地法律、国籍国法律或者主要财产所在地法律。

也就是说，本案中原被告可以协商一致，对于夫妻财产法律关系适用任何一方经常居住地或是国籍国法律，即中国法律，也可以协商适用主要财产所在地，如美国法律。也就是连结点包括多个时——当事人的国籍、经常居住地、财产所在地……中国冲突法规则允许当事人协商选择其中一个连结点指向的某国法律，即尊重当事人合意。

（3）适用共同居所地原则。

《涉外民事关系法律适用法》第二十四条规定：

---

① 参考《中国国际私法学会 2014 年年会论文集（补录）》。

当事人没有选择的[①]，适用共同经常居所地法律；没有共同经常居所地的，适用共同国籍国法律。

如果本案原被告对于具有涉外因素的夫妻财产关系适用何国法律没有协商一致，中国法院应当适用二人共同的经常居住地——中国的法律。

那么本案的性质到底是关于有价证券的法律关系，还是关于夫妻财产的法律关系呢？可以看出，江西省高院对于股票已经过户登记的效力，即物权登记的效力避而未谈，只是对于该赠与合同效力进行了裁判。而根据《涉外民事关系法律适用法》第二十四条规定，无论是根据哪种法律选择规范—当事人合意选择或适用双方共同的居住地/国籍地法律，判断该赠与合同是否有效都指向了中国的实体法律。

2. 本案适用中国法律的哪些法律条款——根据准据法判断

我国《婚姻法》第十七条[②]规定，夫妻在婚姻存续期间所得的财产归夫妻共同所有；夫妻对共同所有的财产，有平等处理权。

我国《物权法》第九十七条[③]规定：

处分共有的不动产或者动产以及对共有的不动产或者动产做重大修缮的，应当经占份额三分之二以上的按份共有人或者全体共同

[①] 指没有协议选择某个连结点指向的某国法律。
[②] 此处《婚姻法》第十七条对应《民法典》婚姻家庭编第一千零六十二条："夫妻在婚姻关系存续期间所得的下列财产，为夫妻的共同财产，归夫妻共同所有：（一）工资、奖金、劳务报酬；（二）生产、经营、投资的收益；（三）知识产权的收益；（四）继承或者受赠的财产，但是本法第一千零六十三条第三项规定的除外；（五）其他应当归共同所有的财产。夫妻对共同财产，有平等的处理权。"
[③] 此处《物权法》第九十七条对应《民法典》物权编第三百零一条："处分共有的不动产或者动产以及对共有的不动产或者动产作重大修缮、变更性质或者用途的，应当经占份额三分之二以上的按份共有人或者全体共同共有人同意，但是共有人之间另有约定的除外。"

共有人同意，但共有人之间另有约定的除外。

本案中，熊某赠与熊大的 400 万股股票，属于熊某与陈某的夫妻共同财产，熊某在未经陈某同意的情况下无权处分这些资产，根据《合同法》第五十二条第（五）项①的规定，其赠与行为"违反法律……的强制性规定"，所以不发生法律效力。

3. 中国判决能否在美国获得承认与执行——撤销已经过户的股票

由于涉案股票已经过户，所以即使原告在中国打赢官司，认定赠与行为无效，是否能够撤销股票过户，还需要美国司法部门对该中国判决的承认与执行。

在司法实践中，各国之间对于承认与执行外国法院的判决，总体持审慎态度。各国法院在审查双方之间是否存在司法互惠关系时，多采取事实互惠的审查标准，即审查两国之间是否存在相互承认和执行对方法院判决的先例。在实践中，中国法院的判决在美国得以承认与执行的案例很少见。

律师建议

（一）涉外股权诉讼非常专业和复杂

随着中国高净值人士在海外投资、经商、移民的越来越多，涉外民

---

① 此处《合同法》第五十二条第（五）项对应《民法典》合同编第一百五十三条："违反法律、行政法规的强制性规定的民事法律行为无效。但是，该强制性规定不导致该民事法律行为无效的除外。违背公序良俗的民事法律行为无效。"

事诉讼包括股权纠纷越来越多，但是由于涉外诉讼涉及的法律关系非常复杂，如确定一国法院是否有合理的连结点受理案件，受理法院根据什么冲突法规则确定适用哪国法律，如果准据法不是本国法律该如何查明并适用，等等。比起国内诉讼而言，涉外诉讼复杂而充满不确定性。对于涉及涉外股权诉讼的当事人，面对抽象的国际私法规则，要做好打一场折磨人的官司的准备，建议委托专业人士进行代理，以免由于不了解规则而遭受本可以避免的损失、风险。

（二）认识选择不同准据法对案件结果的影响

由于不同国家的文化、社会、经济状况的不同，法律体系、法律规则存在较大差别，应当认识到，在中国法院审理和在美国法院审理，也许适用的准据法不同，导致的裁判依据不同，同一个案子在不同国家产生不同的审判结果。建议委托专家预先在夫妻财产协议中约定或者在诉讼中促成适用对己方有利的准据法——不一定是中国的法律，需要在多个连结点中选择有利于自己的国家的法律。当然，这需要一个熟悉各国相关实体法、程序法的团队提供支持。

（三）如中国法院管辖，尽量争取层级较高的法院审理

涉外股权纠纷涉及案件冲突法的识别、法律的查明等专业性问题，如果由层级较高的法院受理，法官的专业性、对于国际私法规则理解的高度等，往往更具有保障。

第二节　涉外继承纠纷中，遗嘱效力按外国还是中国法律确定

典型案例

Mike 为中国籍，在美国有几套房产，同时拥有一家在纽约上市的生物医药公司的股份。2010 年后，Mike 一直在中国居住。2016 年 1 月，Mike 因患有肿瘤被送至美国医院，进行了多次手术，身体每况愈下。终于，他决定安排身后事宜，在美国纽约州立下了一份公证遗嘱，遗嘱的主要内容是，自己在美国的房产及上市公司股份由妻子 Alina 全部继承。2016 年 12 月 Mike 回国，他和前妻的儿子 Peter 对 Mike 百般关心、精心照顾，Mike 开始重新考虑遗产的分配，并且在 2018 年 4 月，重新在中国订立了一份自书遗嘱，主要的内容是，生物医药公司的股份由其儿子 Peter 和 Alina 一人一半。两份遗嘱在股权继承安排上出现了冲突，Peter

在美国诉请认定第一份遗嘱无效。

这份在美国订立的遗嘱是否无效呢？我们来分析一下国际私法实践中一般的冲突法规范。

1. 涉外遗嘱效力的连结点及冲突法规则

在国际私法实践中，关于遗嘱内容和效力的法律适用，通常有以下几种冲突法规则：

（1）适用立遗嘱人立遗嘱时或死亡时的本国法。

（2）适用立遗嘱人立遗嘱时或死亡时的住所地法。

比如我国《涉外民事关系法律适用法》第三十三条规定：遗嘱效力，适用遗嘱人立遗嘱时或者死亡时经常居所地法律或者国籍国法律。

（3）有关动产的遗嘱适用被继承人的属人法，有关不动产的遗嘱则适用物之所在地法。不过，在有关动产的遗嘱继承方面，各国属人法有不同的理解，而且对属人法到底是立遗嘱人立遗嘱时的属人法还是立遗嘱人死亡时的属人法也有分歧。

（4）适用被继承人选择的法律。

本案虽然在美国起诉，但是Mike立遗嘱时和死亡时的经常居住地、国籍地都是中国，而且股票属于动产，中国和本案有最密切联系。当然，还要看美国法律如何规定涉外遗嘱效力的冲突法规则。

2. 美国法院审判，适用不同国家的法律结果可能不同

假设美国法院根据本国冲突法规则，判断本案的各个连结点，关于遗嘱效力的准据法，指向中国的法律，那么根据中国的《继承法》规定，经过公证的遗嘱效力高于其他形式的遗嘱——包括自书遗嘱[①]。也就是说，如果美国法院根据冲突法确定本案适用中国法律，做出的判决有可能不利于 Peter——第二份遗嘱效力低于第一份公证遗嘱，Peter 的诉请不被美国法院支持。

假设美国法院根据本国冲突法规则，判断本案的各个连结点，关于遗嘱效力的准据法认为应当指向美国当地的法律。纽约州有关继承的规定，主要出现在《物权及信托法》（Estate, Powers & Trust Law）以及《遗嘱检验法院程序规则》（Surrogate's Court Procedure Act）当中。根据纽约州的法律，遗嘱人必须声明该文件是他"最后的遗嘱"，并且必须通知证人见证遗嘱。在出现先后两份遗嘱，且第二份遗嘱没有出现撤销第一遗嘱的字眼时，应当将两份遗嘱的内容合并，第二份遗嘱会被认为是第一份遗嘱的补充。在两份遗嘱出现冲突的情况下，第二份遗嘱的内容将会撤销第一份遗嘱中冲突的内容。回归到我们的案例，第二份遗嘱作为后订立的遗嘱，应当优先适用。在这种情况下，房产应由妻子 Alina 女士全部继承，而股份则应当由 Peter 和 Alina 平均继承。本案如果适用美国的法律，结果反而对 Peter 更有利！所以，这个案例进一步告诉我们，涉外民事诉讼法律关系的复杂性与审判结果的不确定性。

实务判例

实务判例 根据广东省深圳市中级人民法院（2018）粤 03 民终 2176

[①] 2021 年 1 月 1 日起《民法典》正式生效后，公证遗嘱不再具有优先效力。

号判决书。曾某九与其妻子潘某婚后共生育了5个儿子：曾某七、曾某八、曾某三、曾某林（已死亡，有两个儿子，曾某一、曾某二）、曾某四，和一个女儿曾某五。潘某于2012年2月11日死亡。曾某九于2016年12月12日死亡。曾某六是曾某七的儿子，即曾某九的孙子。曾某六手中持有曾某九于2014年8月4日订立的公证遗嘱，其内容为：曾某九所持有的某股份有限公司的股份，全部由长子嫡孙曾某六继承。而曾某一、曾某二、曾某三、曾某四、曾某五（为上诉人，居所为香港）手中持有曾某九于2016年7月1日所立遗嘱，该遗嘱经律师见证，其内容为：公司股份由曾某七、曾某三、曾某八、曾某林、曾某四、曾某五6个子女平均继承（因儿子曾某林于2016年1月去世，由其继承的股份份额由孙子曾某二、曾某一平分继承）。

双方手中都握有老人的遗嘱，当事人身份有内地、有香港，属于涉港民事案件；法院如何分割涉案股权，判决结果具有指导意义。终审判决要点如下。

1. 判断遗嘱效力的高低，适用遗嘱人立遗嘱时或者死亡时经常居所地法律

法院认为，上诉人是中华人民共和国香港特别行政区居民，故本案为涉港继承纠纷。《涉外民事关系法律适用法》规定：

第三十二条 遗嘱方式，符合遗嘱人立遗嘱时或者死亡时经常居所地法律、国籍国法律或者遗嘱行为地法律的，遗嘱均为成立。

第三十三条 遗嘱效力，适用遗嘱人立遗嘱时或者死亡时经常居所地法律或者国籍国法律。

《最高人民法院关于适用〈中华人民共和国涉外民事关系法律适用法〉若干问题的解释（一）》第十七条规定：

> 涉及香港特别行政区、澳门特别行政区的民事关系的法律适用问题，参照适用本规定。

因被继承人曾某九为我国内地居民，其经常居所地、国籍国、遗嘱行为地均在我国内地，故本案遗嘱效力的认定应适用我国内地法律。从法院的判决中，我们可以看出，法院所认为的遗嘱效力，包括不同遗嘱之间效力高低的认定，均应适用遗嘱人立遗嘱时或者死亡时经常居所地法律。

2. 公证书的有效性，当事人无须举证证明，有相反证据足以推翻的除外

上诉人认为，被继承人曾某九年老体弱，生前患有高血压、冠心病、反复腹痛病史多年，自2012年起患有脑梗死（症状以猝然昏倒、半身不遂、言语智力障碍为主），至（2014）深证字第105536号公证书出具之时仍未痊愈，且年满86岁，因此上诉人对公证书的有效性存疑。

《最高人民法院关于适用〈中华人民共和国民事诉讼法〉的解释》第九十三条规定：

> 下列事实，当事人无须举证证明：
> ……
> （七）已为有效公证文书所证明的事实。

……第五项至第七项规定的事实，当事人有相反证据足以推翻的除外。

因此，要推翻本案公证遗嘱，上诉人须提交充分的相反证据，而上诉人在一审提交的证据，并不构成"足以推翻的相反证据"，因此法院认为公证书有效。

3. 遗嘱人立有数份内容相抵触的遗嘱，有公证遗嘱的，以最后所立公证遗嘱为准[①]

本案法院认为，遗嘱效力包括不同遗嘱之间效力的高低的认定，均应适用遗嘱人立遗嘱时或者死亡时经常居所地法律。由于曾某九为我国内地居民，其经常居所地、国籍国、遗嘱行为地均在我国内地，故本案应适用我国内地法律。我国《最高人民法院关于贯彻执行〈中华人民共和国继承法〉若干问题的意见》第四十二条规定[②]：

遗嘱人以不同形式立有数份内容相抵触的遗嘱，其中有公证遗嘱的，以最后所立公证遗嘱为准；没有公证遗嘱的，以最后所立的遗嘱为准。

本案中，曾某六提交了曾某九于2014年8月4日所立公证遗嘱；曾

[①] 同上文Peter在美国确认遗嘱无效案所述，2021年1月1日起《民法典》正式生效后，公证遗嘱不再具有优先效力，即依据《民法典》的规定，存在多份遗嘱时，无论是何种类型的遗嘱，都会以最后一份遗嘱为准。
[②] 此处《最高人民法院关于贯彻执行〈中华人民共和国继承法〉若干问题的意见》第四十二条对应《民法典》继承编第一千一百四十二条第三款："立有数份遗嘱，内容相抵触的，以最后的遗嘱为准。"无论是否有公证遗嘱，均以最后一份遗嘱为准。

某一、曾某二、曾某三、曾某四、曾某五则提交了曾某九于 2016 年 7 月 1 日所立遗嘱，该遗嘱经律师见证，从遗嘱分类来看，属于代书遗嘱。两份遗嘱内容相抵触，根据上述规定，应以被上诉人提交的公证遗嘱为准。

律师建议

随着我国公民个人财富的日益积累，很多高净值人士都存在着拥有海外资产或家庭成员国籍各不相同的情形。中国的很多家庭，呈现出家庭成员国籍多元化以及资产配置全球化的特点。

由于国内外实体法规定存在差异，在有关涉外继承的案件中，客户不能想当然地认为公证遗嘱具有最高效力。事实上，随着我国《民法典》的出台，具体到不同案件中时，如存在多份遗嘱且存在适用《民法典》或他国法律的可能性时，公证遗嘱的效力可能会被其他遗嘱取代。本节开头案例对于该问题十分有启发意义。

第三节 经常居住地认定是中国还是其他国家或地区，法定继承结果一样吗

典型案例

蒋先生祖籍广州，20世纪90年代初来到日本专注于海产生意，并且成立了一家自己的公司。从20世纪90年代末开始，随着国内对海产的大量需求，他的货品卖往中国各地。他的妻子祖女士为了海产的销售，后主要居住在广州，并且将一对儿女接到广州上国际学校，蒋先生长期往返于日本和中国广州之间，成为一个"空中飞人"。2005年，蒋先生因为工作过于劳累，不幸病逝。之后，其遗孀祖女士与其父蒋老先生就遗产问题展开了激烈的争夺，双方各自聘请了律师，企图争取最为有利的判决，其中，日本公司的股权是双方争夺的焦点。

蒋老先生主张援引中国的法律，根据我国《民法典》第一千一百二十七条的规定：

> 遗产按照下列顺序继承：
> （一）第一顺序：配偶、子女、父母；
> （二）第二顺序：兄弟姐妹、祖父母、外祖父母。
> 继承开始后，由第一顺序继承人继承，第二顺序继承人不继承；没有第一顺序继承人继承的，由第二顺序继承人继承。
> 本编所称子女，包括婚生子女、非婚生子女、养子女和有扶养关系的继子女。
> 本编所称父母，包括生父母、养父母和有扶养关系的继父母。
> 本编所称兄弟姐妹，包括同父母的兄弟姐妹、同父异母或者同母异父的兄弟姐妹、养兄弟姐妹、有扶养关系的继兄弟姐妹。

即按照中国法律，蒋先生包括股权在内的遗产，蒋父参与第一顺序继承。

祖女士主张法院援引日本的法律，根据《日本民法典》规定，遗产继承的顺位：第一顺位，死者之子女；第二顺位，死者之直系尊亲属；第三顺位，死者之兄弟姐妹。被继承人之配偶恒为继承人。配偶无固定继承顺序，在与第一顺位血亲继承人（子女）共同继承时，其应继分为遗产的 1/2；在与第二顺位血亲继承人（直系尊亲属）共同继承时，其应继分为遗产的 2/3；在与第三顺位血亲继承人（兄弟姐妹）共同继承时，其应继分为遗产的 3/4。

如果按照日本法律，由于蒋先生有子女，他的遗产应由妻子和第一顺位的子女共同继承。与中国继承法律不同，在日本法律下，蒋父无缘参与第一顺位继承。

那么，如果本案在中国起诉，到底适用中国还是日本法律关于法定继承的规定呢？我们来分析一个山东省高级人民法院的案例。

实务判例

实务判例 根据（2016）鲁民终2270号判决书。郭某伟和李某珍是夫妻，户籍地在中国台湾地区，郭某闵与张某兰是郭某伟的父母。郭某伟后去世，其父郭某闵不服山东省青岛市中级人民法院（2013）青民四初字第227号民事判决，向法院提起上诉。

郭某闵主张，郭某伟和李某珍的户籍地址都在台湾地区，郭某伟同时具有美国国籍。我国台湾地区《民法典》第1017条第1项规定：夫或妻之财产为婚前财产与婚后财产，由夫妻各自所有。不能证明为婚前或婚后财产者，推定为婚后财产；不能证明为夫妻所有之财产，推定为夫妻共有。根据上述规定，郭某伟的股权属婚后取得，应属郭某伟个人所有，不属于夫妻共同财产。另外，郭某伟死亡地是在台湾，在经常居所地不明的情况下，应以其死亡时居所地确定法律适用，即依台湾地区法律进行财产分割。依据台湾地区《民法典》第1138条第1项和第1144条第1款之规定，应由郭某闵与李某珍各自分得遗产的二分之一。

李某珍则认为，郭某伟在20世纪80年代末就开始在青岛进行投资经商，而且在大陆地区主要生活的城市就是青岛，在一审中，她向法庭提交了郭某伟在青岛办理的各种证件及出入境资料，均可以证实青岛是郭某伟的经常居住地。同时，郭某伟在青岛某公司所持有的股权，属于与李某珍的夫妻共同财产。在郭某伟去世后，按照法定继承，继承人郭某闵只能对郭某伟所有的50%的财产进行继承。

郭某闵主张适用台湾地区法律，全部股权都属于儿子个人所有，自己可以继承二分之一；李某珍主张适用大陆地区法律，股权为婚后夫妻共有，只有一半为先生遗产，公公只能继承四分之一。双方似乎各有道理，那么法院对于涉外继承案件中经常居住地和法定继承问题的认定是怎样的呢？

1. 法定继承、夫妻财产关系适用经常居所地法律

首先，就法定继承而言，根据《涉外民事关系法律适用法》第三十一条的规定，法定继承适用被继承人死亡时经常居所地法律，但不动产法定继承，适用不动产所在地法律。关于郭某伟与李某珍的夫妻财产关系，根据《涉外民事关系法律适用法》第二十四条的规定：夫妻财产关系，对于没有选择适用法律的，适用共同经常居所地法律；没有共同经常居所地的，适用共同国籍国法律。

2. 经常居住地的两个认定要素

我国《涉外民事关系法律适用法》将经常居所作为连结点。而在自然人经常居所的判定上，《最高人民法院关于适用〈中华人民共和国涉外民事关系法律适用法〉若干问题的解释（一）》第十三条采取的是一种叠加标准，即包含两个构成要素：一是"连续居住1年以上"；二是"作为其生活中心的地方"。只有具备了上述两个要素，才能被认为是经常居所。但是，对于何为"连续居住1年以上"，是绝对连续还是相对连续，是要求连续居住12个月甚至365天以上,还是要求居住时间不少于多少个月或日,上述司法解释并未明确,需要法院在案件中予以判断确认。对于如何认定"作为生活中心的地方",亦需要法院加以解释。

在本案中,法院认为,所谓"连续居住1年以上",并不是指一种绝对连续状态,而是指一种相对持续的居住状态,在居住期间,即使当事人因工作派遣、短期学习、出国旅游、赴外就医等原因导致其不能始终居住在某一地,只要其居住状态是相对持续的,且达到1年以上,并不影响对其经常居所的判断。对于"作为其生活中心的地方"这一标准,则既要注重考察当事人的主观意愿,又要看当事人的客观生活状况,然后进行综合判断,即从当事人的主观意愿、家庭生活、社会关系、主要职业、财产状况等各方面进行综合考察。

就两个标准之间的关系而言,法院认为,二者除了是并列条件的关系,还是法院进行判断时重要的相互参考因素。也就是说,在判断是否连续居住时,除了要看当事人在某地居住的连续状态,还要看当事人主观上是否有将其作为生活中心的居住意图。在判断当事人是否将某地作为生活中心时,除了要看当事人主观上的居住意愿,还要看当事人的持续居住状态。

3. 能够证明经常居住地的证据材料

二审程序中,李某珍提交其持有的台湾居民往来大陆通行证1份,主张其自2012年至2013年8月21日在中国大陆地区长期居住,能够证明中国大陆地区是其经常居所地。法院认为,李某珍持中华人民共和国公安部出入境管理局签发的台湾居民往来大陆通行证,且于2012年1月30日至2013年8月21日多次往返中国大陆地区。另外,依据一审法院依职权调取的郭某伟出入境记录，郭某伟于 2012 年 1 月 30 日至 2013 年 7 月 21 日多次往返中国大陆地区。

在郭某伟于 2013 年 8 月死亡之前，无论是郭某伟还是李某珍，从二人的出入境记录来看，虽然并不是一直在中国大陆地区停留，但从二人停留的时间和相对连续状态来看，均可以认定为在中国大陆地区已连续居住 1 年以上。另外，从郭某伟在青岛的财产状况、投资活动、居住证明、驾驶执照、公用事业收费服务、便民卡持有情况等可以得出结论，郭某伟生前是以青岛作为其生活中心。虽然李某珍在本案中提交的证明其在青岛生活的证据相对较少，但从其与郭某伟的夫妻关系、郭某伟对其委托授权情况以及在青岛连续居住情况等，也可以看出李某珍在郭某伟生前是以青岛作为其生活中心。

综合以上方面，法院判定：中国大陆地区既是郭某伟的经常居所地，也是郭某伟与李某珍的共同经常居所地。因此，本案应当适用中国大陆地区有关夫妻共同财产、法定继承的法律。在郭某伟去世后，按照法定继承，继承人郭某闵只能对郭某伟所有的 50% 的财产进行继承。

律师建议

（一）经常居所地是确定准据法的重要连结要素

在涉外民事诉讼中，准据法的确定，一般指向有密切连结的国家（地区）的法律。无论是确定涉外遗嘱效力、形式还是夫妻财产关系、法定继承，当事人经常居所地都是重要的连结点。

（二）诉讼中如何举证证明有利于自己的"经常居所地"

鉴于经常居所地认定标准存在一定的不确定性，同类证据在不同案件中的影响权重存在差异，当事人在证明经常居所地时，可以从以下几方面着手提交证据：

（1）当事人居住地址及居住状态，购房、租房合同，装修记录，物业费缴费记录等。

（2）当事人持有的护照及居留记录、当事人居民证件、驾驶执照等证件信息。

（3）当事人配偶、子女、父母及其他直系亲属的居住地、婚姻、生育、收养等情况的证明。

（4）当事人消费记录，如储蓄卡存储记录、信用卡消费记录、第三方支付平台消费记录，当事人主要生活来源，当事人投资记录，当事人纳税记录证明。

（5）其他能够证明经常居住和生活中心的证据。

此外，在涉外民商事案件中，各国法官具有优先适用本国法的潜在倾向。对此，如律师主张认定当事人的经常居所地为其他法域，也许要承担更为严格的证明责任。

第四节　香港法院审理离婚案件，如何确定涉案股权的分割

典型案例

张女士是香港一家售楼公司的销售员，她与售楼经理李先生在工作中相识，随后坠入爱河。1998年，他们决定共同移居香港，后育有一儿一女。由于在香港的生活成本与日俱增，生活逐渐窘迫，李先生决定拿出与张女士多年积蓄的存款放手一搏，最终选定了洗车行业作为突破口。由于李先生长期积累的销售经验和张女士的支持，生意进展很顺利。在2003年的时候，李先生相继拥有了5家洗车行的股权，但夫妻的裂痕也就此出现。

李先生提出与张女士离婚。张女士要求夫妻财产平均分配，因为她已经多年无工作，又要负担两个子女的教育；李先生虽然愿意负担子女

生活、教育费用，但对于张女士提出的平均分配财产的要求感到很不满意。他认为，虽然张女士长期照顾家庭，但是自己多年来专注于事业，是自己平日努力的工作，才使洗车行获得成功，另外洗车行的股权分割涉及股权变更登记等诸多问题，容易导致其他股东的不满，因此他提出以现金作为补偿。那么，到底香港法院会支持谁的主张呢？我们来分析两个香港法院的案例。

实务判例

实务判例-1 根据中华人民共和国香港特别行政区终审法院第FACV16/2008号判决书。妻子在2008年时45岁，毕业于清华大学，曾在中国内地工作，1993年因工作任务来到香港。丈夫在2008年时46岁，是一家小型企业的企业主。双方于1996年结婚，没有孩子。这段婚姻持续了7年。妻子要求每月大约1.5万美元来支付每月的开销，丈夫的主张是每月1.39万美元。离婚后，妻子有可能找到一份每月收入不低于1.5万美元的管理工作，丈夫每月收入不低于1.92万美元，他每年有13个月工资。丈夫的资产为530万美元，妻子的资产为6.5万美元，夫妻俩的总资产为536.5万美元。法院最终援引了White v White案[1]和Miller v Miller and McFarlane v McFarlane案[2]所确立的规则，判给妻子268.25万美元，占总资产的一半。那么，香港法院在确定最终的财产分配时，是基于怎样的考虑呢？

---

[1] 参考 [2001] 1 AC 596.
[2] 参考 [2006] 2 AC 618.

1. 关于配偶财产分割，香港法律赋予法官自由裁量权

就配偶财产分割而言，中国香港地区《婚姻法律程序与财产条例》第7(1)条订明，法院在行使权力时必须考虑的事项如下：

(a) 婚姻双方各别拥有的或在可预见的将来相当可能拥有的收入、谋生能力、财产及其他经济来源；

(b) 婚姻双方各自面对的或在可预见的将来相当可能面对的经济需要、负担及责任；

(c) 该家庭在婚姻破裂前所享有的生活水平；

(d) 婚姻双方各别的年龄和婚姻的持续期；

(e) 婚姻的任何一方在身体上或精神上的无能力；

(f) 婚姻双方各别为家庭的福利而做出的贡献，包括由于照料家庭或照顾家人而做出的贡献；

(g) 如属离婚或婚姻无效的法律程序，则顾及婚姻的任何一方因婚姻解除或废止而将会丧失机会获得的任何利益（例如退休金）的价值。

《婚姻法律程序与财产条例》第7条赋予香港法官在处理财产分配时非常广泛的自由裁量权，法官必须考虑案件的所有情况。该条的意图显然是希望法院能够灵活地处理各种不同的案件，不过灵活的另一面是审判结果存在一定的不确定性。

2. 考虑妻子的合理要求是否恰当

香港法院通过 CvC 案[①]确立了离婚诉讼中的一条重要原则,即负有养育孩子职责的全职主妇的合理要求应当被满足。如果在财产分配中有剩余资产,那么主妇们应当因为对家庭的贡献而得到额外的奖励。法官采纳了 Ormrod.L.J 在 Preston v Preston 案[②]中的说法:"妻子积极参与丈夫的生意或为丈夫的生意提供资金,将大大增加她对家庭的贡献,并可能导致她应得款额的增加,从而超过她的合理要求。实际上,这意味着她已经'赢得'了总资产的一部分,并能够按照自己的选择来使用它。"

然而,在实务判例-1中,法院认为:"合理要求"不应再被给予主要考虑,在离婚过程中应当遵循的一般原则是平等分割原则,除非法官有充分理由背离这一原则。法院认为,平等分配的原则符合《中华人民共和国香港特别行政区基本法》所确定的精神。

3. 以平等分割为原则

本案法官认为,为了消除潜在的歧视和促进公平,应采用"平等分割的原则",如果法院不采用这种标准,需要明确阐明偏离的理由。法官认为:对于法官来说,最好是将初步意见与平等分割的原则相对照。作为一项普遍的指导原则,只有在有充分理由的情况下,平等分割原则才应该被抛弃。考虑和阐明背离平等的理由,将有助于确保法院的判决不存在歧视。最终法院认为,不应当考虑合理要求的原则,而采用平等分配原则,判给了妻子 268.25 万美元。

实务判例–2 根据香港特区上诉法院第 CACV 139/2006 判决书。

[①] 参考 [1990] 2HKLR 183.

[②] 参考 [1982] Fam 17.

Cheung 先生和 Yeung 女士，分别为 55 岁和 46 岁，于 1989 年 11 月结婚，他们育有二子，年龄分别为 15 岁和 13 岁。大儿子计划在 2018 年赴加拿大读书。结婚前，丈夫从事压铸行业，妻子做导游。妻子在怀了老大后就停止了工作，成了全职家庭主妇。1985 年，丈夫成为联合金属控股有限公司（United Metals Holding Ltd，以下简称"联合金属"）的股东。2003 年 1 月，联合金属在香港交易所上市，公司业绩蒸蒸日上。丈夫通过英属维尔京群岛注册的公司（BVI 公司）持有联合金属公司6229.2 万股（28.31%）股份。这些股票的市值在听证会时为每股 52 美分，即合 3239.184 万美元。

双方对于妻子有权获得共同财产的 50% 不存在争议，但问题的焦点在于妻子的权利的实现方式。Cheung 先生的律师主张：为了按照法官的命令支付赔偿金，丈夫需要销售联合金属公司很大一部分股票，出售大量联合金属股份无疑会大幅压低其价格。

通过这个案例，我们不妨来了解一下香港离婚案件中股权分割的具体操作。

1. 全职太太对家庭财产增加存在间接贡献，夫妻共同财产可能平分

本案中，法官认为：只有在婚后拥有和睦的家庭，丈夫才能够成功地扩展他之前参与的业务。根据双方的证据，法官清楚地发现，妻子间接地促成了丈夫生意的成功，也就是家庭财产的成功。同时法官援引了 Lord Nicholls 法官在 White v White 案件中的判决："夫妻双方经过多年的共同努力，丈夫的重心在生意上，妻子的重心在家里，白手起家，建立了一项有价值的生意……"这样看来，香港法院对于全职太太对家庭财产存在间接贡献予以认可，并且同意平均分配夫妻共同财产。

2. 大额股权款可以采用股权加现金的方式支付

根据法官的命令，Cheung 先生必须在 2006 年 12 月前处理约 1000 万股股票，其后每 6 个月处理约 200 万股。根据现实的情况，这是不可能实现的。Cheung 先生方提出支付 950 万美元现金给妻子，并在两周内支付 100 万美元，然后每 6 个月支付 100 万美元。然而这一提议很快被另一份 2005 年 12 月 6 日的提议所取代，其中包括转让给妻子价值 2300 万美元的联合金属股份和支付 150 万美元的现金。由于 Cheung 先生和 Yeung 女士的家庭资产主要包括联合金属公司的股权，相对而言，转让公司股权给妻子，而非支付巨额现金，在丈夫没有大量现金的情况下较为公平。这样一来，丈夫和妻子就同时承担股份的利益和风险。然而，妻子明显倾向于现金支付，丈夫则提议支付 600 万美元现金，为期约 5 年。在这种情况下，法官认为丈夫的建议更为公平。最终的判决结果如下：丈夫向妻子一次性支付 873.2 万美元，其中 600 万美元以现金支付，其余部分以联合金属股份支付，即以每股 52 美分支付。

律师建议

（一）争取财产的平均分配

从上述两个案例我们看出，香港对于无工作的家庭主妇在家庭生活中的贡献是充分肯定的，法院的判决也从考虑双方离婚时的财务需求，逐渐转变到平均分配财产，这无疑能更多地保护相对弱势的女性群体的权益。

(二)灵活选择财产分割的方式

对于持有上市公司股权的家庭而言,财产的分割不仅是家庭问题,更涉及公司的运营及财产的保值。在 Cheung 先生和 Yeung 女士的案例中,法官最终支持以现金加股权的方式进行财产分配,无疑考虑了股权分割的实际操作问题。因此,在提出财产分割需求的时候,要考虑具体的操作模式,争取与对方协商,才能得出可执行的财产分配方案。

(三)收集及提供有利证据,争取法官支持

和中国内地明确规定法定夫妻财产共有制度不同,中国香港地区的法律属于英美法系,法官有根据衡平法原则进行公平处理的权力。所以,如果涉及在香港离婚,应该根据香港《婚姻法律程序与财产条例》第7(1)条规定的法院在行使权力时必须考虑的事项,如对家庭的贡献、离婚前的生活水平等,多提供有利于自己的证据,以力争法官支持自己的诉请。

由于香港和内地属于不同的法律体系,对于移居香港或者在香港有财产的高净值客户,应当了解一些香港法律,避免因两地法律规定不同导致的财富风险或争议。

征稿启事

　　书途（北京）文化传播有限公司秉承"阅读，通向自由之路"的理念，向各界贤达诚征稿件。

　　凡符合这一理念的文章、书稿，均可来投。来稿将有机会结集或单独出版。

　　投稿邮箱：lvzheng1302@126.com

　　购买更多好书：

　　　　联系人：书店客服

　　　　电话（同微信）：173 1016 2997

扫描二维码，在微店
购买更多好书

淘宝扫描二维码，在淘宝店
购买更多好书